ELOGIOS PARA *TESTIGO DE MILAGROS*

«El doctor Randy Clark ha sido un querido amigo durante ~~...~~ apasionado de conocer a Dios y darlo a conocer. Randy quiere ser un catalizador para atraer muchos otros a una relación profunda con Dios. ¡Oro para que este libro sea un recurso para hacer crecer su fe y aumentar tu hambre por Dios, a medida que leas estos poderosos testimonios!».

—HEIDI G. BAKER, PhD,
cofundadora y directora ejecutiva de Iris Global

«Este es un libro tan maravilloso! Randy Clark escribe: "La vida cristiana nunca pretendió ser aburrida". Luego, lo prueba. Con un ojo académico para evidencia y argumentación lógica, desmantela el razonamiento circular de los escépticos acerca de lo milagroso y, al mismo tiempo, demuestra empíricamente la realidad del poder sobrenatural de Dios en la tierra. *Testigo de milagros* es escrito en una manera abierta (sin afiliación denominacional), desafiando a los creyentes a profundizar activamente en lo sobrenatural y desafiando a la iglesia a hacer un mejor trabajo en la verificación y grabación de sanidades sobrenaturales. En última instancia, este libro les presenta un emocionante mandato a los creyentes... a vivir en la plenitud del poder transformador de Dios, de modo que podamos asociarnos con Él para traer el cielo a la tierra».

—BILL JONSON, Bethel Church, Redding, California;
autor de *Cuando el cielo invade la tierra* y *God Is Good*

«Todo lo que puedo decir es *¡por fin!* He estado esperando toda mi vida un libro como este para poder compartir una perspectiva creíble sobre el fruto del ministerio de sanidad. Este es un documento bien elaborado, y dará permiso a quienes tienen una naturaleza creyente pero escéptica para finalmente creer lo que ya sospechaban: ¡Dios es sanador y la sanidad puede ser probada! Creo que las iglesias, los individuos y los médicos encontrarán un prototipo refrescante sobre cómo informar y fomentar la confianza a través de historias verdaderas. Randy Clark es el líder del cuerpo de Cristo en credibilidad cuando se trata del ministerio de sanidad, y estas historias no solo causan una reacción emocional; edifican un impulso espiritual».

—SHAWN BOLZ, autor, presentador de televisión,
producter y ministro

«¡De vez en cuando llega un libro que deseas poner en las manos de todos, creyentes y dudosos! El 6 de junio de 1995, Randy Clark fue usado por Dios para darme a mí, un pastor bautista conservador, una actualización que cambió para siempre mi vida y ministerio. Me convertí en testigo de milagros, señales y maravillas, y desde entonces hemos visto a más de un millón de nombres añadidos al Libro de la Vida del Cordero. Randy es un erudito y narrador; ¡su libro está lleno con la pasión de un hombre que ha buscado a Jesús con todo su ser! Este libro es explosivo y sus experiencias personales abrirán tus ojos para ver la mano de Dios moviéndose en el mundo occidental».

—LEIF HETLAND, presidente,
Global Mission Awareness

TESTIGO DE
MILAGROS

RANDY CLARK

TESTIGO DE MILAGROS

CUANDO EL EVANGELIO COBRA VIDA

CONTENIDO

Dedico este libro a quienes me ayudaron como mentores, consultores y asociados profesionales mientras trabajaba en mi tesis doctoral ministerial. Ustedes me ayudaron a aumentar mi hambre por aprender y a defender la fe una vez dada a los santos. Una fe que no está limitada a confesiones doctrinales o de credo, sino que tiene que ver también con la fe que anticipa el reino de Dios mediante señales y maravillas, milagros y sanidades.

El doctor Andrew Sung Park, profesor de teología y ética en el Seminario Teológico Unido, consultor y mentor de la facultad.

El doctor Jon Ruthven, profesor emérito y mentor de la facultad de la Escuela de Divinidad de la Universidad Regent.

El doctor Gary Greig, exprofesor asistente de Antiguo Testamento de la Escuela de Divinidad de la Universidad Regent y mentor de la facultad.

El doctor y médico Martin Moore-Ede, exprofesor de medicina de la Escuela de Medicina de Harvard y consultor profesional.

El doctor Stephen Mory, psiquiatra y consultor profesional.

El doctor John Park, especializado en tratamiento del dolor y consultor profesional.

La doctora Mary Healey, profesora asociada de Escritura en el Seminario Mayor Sagrado Corazón, consultora católica romana.

El doctor Craig Keener, profesor de Nuevo Testamento en el Seminario Teológico Asbury, consultor en Nuevo Testamento.

La doctora Candace Brown, profesora de Estudios Religiosos en Indiana University y consultora en estudios médicos.

El doctor Joshua Brown, profesor de Ciencias Psicológicas y del Cerebro, la Universidad de Indiana, y consultor de estudios médicos.

El doctor Michael McClymond, profesor de Cristianismo moderno en la Universidad de Saint Louis, consultor en teología histórica.

PREFACIO

Como profesor de ciencias en una importante universidad de investigación, asumo una posición bastante crítica hacia las afirmaciones de evidencia científica. En ciencia, el estado del conocimiento avanza a través de la investigación crítica, de estudios bien diseñados y análisis rigurosos. Hace más de una década, al principio de mi carrera, enfrenté una crisis personal en mi salud que me hizo pensar que moriría pronto pese a estar recibiendo una atención médica excelente. Esa experiencia, que se prolongó por aproximadamente un año, me motivó a examinar las afirmaciones de sanidad no médica. Quería ver de primera mano lo que la gente experimentaba y, siendo el científico escéptico que soy, quería ver qué evidencia había, si es que había alguna, de que las sanidades hayan ocurrido sin la intervención médica. Mi intención era separar las experiencias y la evidencia, y ver cuál resistiría el escrutinio crítico. Por mucho que haya deseado recuperar la salud, no quería malgastar mi tiempo en afirmaciones de sanidad que carecían de pruebas.

Lo que encontré primero pareció confirmar mis sospechas. Una buena parte de los cristianos pentecostales y carismáticos que informaban de sanidades a través de la oración parecían preocuparse relativamente poco por la evidencia. Daban la impresión de que se sentían satisfechos con simplemente testificar sobre sus experiencias de sanidad a una audiencia de fieles que no les exigía pruebas. Esto me preocupó. Al mismo tiempo supe que líderes en otras tradiciones religiosas estaban dispuestos a que sus prácticas y sus efectos fueran examinados con métodos científicos, lo que en mi opinión era algo admirable. Por ejemplo, que nada menos que el dalái lama tratara de que neurocientíficos estudiaran la meditación budista de la atención plena y sus efectos en el cerebro. Varios de mis colegas académicos en el campo de investigación de la neurociencia cognitiva han reportado interesantes resultados de sus estudios con monjes budistas y la meditación de atención plena. Esto, a su vez, ha mejorado enormemente la influencia de tales prácticas en la cultura occidental. ¿Por qué, me preguntaba, las comunidades cristianas le dan tan poco valor a la investigación cuidadosa y a la evidencia de sus propias prácticas y afirmaciones?

Fue con esto como telón de fondo que conocí a Randy Clark en una reunión en la que era uno de los oradores. Al hablar con él, me llamó la atención su accesibilidad, y en conversaciones posteriores me sorprendió aún más por lo mucho que le importaba la investigación y la evidencia en lo que se refiere a la oración por sanidad. Al mismo tiempo, mi esposa, Candy Gunther Brown, en su calidad de profesora de estudios religiosos en una importante universidad de investigación, también comenzó a estudiar los testimonios de sanidad. Randy Clark fue determinante en ayudar a nuestro equipo de investigación a acceder a una serie de ambientes donde las afirmaciones de sanidad eran comunes, especialmente con Heidi Baker en Mozambique, Brasil, Canadá y Estados Unidos. De ahí surgieron varios trabajos de investigación especializados, incluidos el libro *Testing Prayer* [Poniendo a prueba la oración], escrito por mi esposa y publicado por Harvard University Press, y su artículo que evalúa el mejoramiento de la audición y la visión después de la oración de sanidad, publicado en el *Southern Medical Journal*. Esto ayudó a definir un campo de investigación especializado sobre la oración intercesora de proximidad.

Después de las investigaciones iniciales, Randy Clark, mi esposa y yo, junto con otros investigadores médicos y teólogos comenzamos a buscar la manera de ampliar la investigación y llevar la investigación crítica a más casos de oración por sanidad. De ahí surgió, entonces, el Global Medical Research Institute [GMRI, por sus siglas en inglés (globalmri.org)], una organización sin fines de lucro con la misión de llevar a cabo una investigación biomédica rigurosa y una investigación crítica a las prácticas cristianas de oración por sanidad. GMRI examina casos individuales y pruebas controladas. Para los informes de casos individuales, observamos los registros médicos de las personas antes y después de las sanidades anunciadas. Conservamos su anonimato y consideramos todas las formas posibles en que se puedan explicar sus registros médicos. En algunos casos, hemos encontrado explicaciones médicas plausibles de sanidades, pero en otros, nuestros expertos no han encontrado tal explicación, dado el estado actual del conocimiento médico. Para las pruebas controladas, observamos a grupos de personas y preguntamos si, en promedio, las prácticas y las experiencias de fe en particular estaban asociadas con diferentes resultados de salud. Estoy agradecido por el entusiasmo de Randy Clark por estudiar experiencias de sanidad y por examinar rigurosamente toda la evidencia disponible, donde sea que pueda llevarnos. Espero que el valor que le da él a la evidencia médica inspire a otros a valorar igualmente la evidencia y la investigación científica sobre las afirmaciones de sanidad. Creo que esto sería bueno para todos, creyentes y escépticos por igual.

En lo que sigue, Randy Clark proporciona un excelente asiento de primera fila para observar las prácticas y experiencias de las oraciones por sanidad, de las cuales ha visto innumerables ejemplos, a menudo dramáticos, a lo largo de los años. Estos son los tipos de testimonios que, además de inspiradores a nivel humano, constituyen una fuente rica de material de investigación etnográfica de primera mano a nivel académico. Yo, por mi parte, agradezco a muchos cristianos, entre ellos Randy Clark, que oraron por mi sanidad. Hoy, estoy vivo y bien, a pesar de un pronóstico médico inicialmente bastante desfavorable y la falta de cualquier tratamiento médico curativo. Randy Clark aporta una perspectiva única, entretejiendo su amplia experiencia junto con una revisión histórica y sus propias perspectivas teológicas. Para su crédito, él no rehúye considerar una cantidad de explicaciones de los fenómenos que observa, como los efectos placebo. Su trabajo de disertación sobre individuos con metal implantado quirúrgicamente, como se resume en este libro, representa un audaz intento de explorar nuevas fronteras en testimonios de sanidad espiritual. Los hallazgos invitan a un seguimiento para investigar casos individuales de evidencia médica, así como estudios controlados que permitan inferencias a nivel de la población. Espero que este libro ayude a inspirar esa búsqueda.

DOCTOR JOSHUA BROWN
Profesor de Ciencias Psicológicas y Cerebrales
Universidad de Indiana

• • •

Como profesora de estudios religiosos, he pasado los últimos quince años estudiando prácticas de sanidad espiritual. Al observar el crecimiento exponencial a nivel mundial del cristianismo pentecostal y carismático, pregunté qué causa este crecimiento. Mi investigación apuntó a la importancia incomparable de la sanidad divina y a las prácticas de liberación. Muchas personas en todo el mundo se sienten atraídas por el pentecostalismo porque necesitan, y parecen experimentar, sanidad no médica. Hay muchas explicaciones posibles para tales experiencias. He examinado tanto las interpretaciones médicas como las no médicas. Mi investigación abarca la comparación de registros médicos antes y después de las experiencias de sanidad, estudios de personas que se dedican a orar por sanidad, ensayos clínicos, y seguimiento durante varios años.

Llevar a cabo una investigación empírica sobre la oración para la sanidad requiere la cooperación de quienes acostumbran a orar con tal fin, lo que idealmente debe incluir a líderes de ministerios importantes e influyentes. Tal cooperación no siempre es fácil de obtener. Muchos líderes pentecostales y miembros son renuentes a permitir el acceso a investigadores profesionales por varias razones: pueden no ver el valor de la investigación médica, pueden temer que el escrutinio médico socave su fe, o que den lugar a escándalos por parte de los medios o a demandas.

Conocí a Randy Clark en una reunión en el año 2003. Me acerqué a él, junto con otros muchos líderes pentecostales, solicitando permiso para distribuir una encuesta a los participantes en reuniones donde se oraba por sanidad. Mientras que otros líderes pentecostales rechazaron mi solicitud o la aceptaron nominalmente pero no lograron cumplir, Randy Clark pareció dar la bienvenida a la investigación académica. Alentó a los asistentes a la reunión a tomarse el tiempo para completar mis encuestas y darme copias de sus registros médicos de antes y después de las experiencias de oración por sanidad. También me presentó a otros líderes influyentes del ministerio y los alentó a que cooperaran conmigo, no obstante las dudas que abrigaban sobre mis motivaciones. Sin la ayuda de Randy Clark, simplemente no habría podido llevar a cabo la investigación que dio como resultado un «Estudio de los efectos terapéuticos de la oración intercesora de aproximación (STEPP, por sus siglas en inglés) sobre las deficiencias auditivas y visuales en Mozambique rural», *Southern Medical Journal* (2010); y *Testing Prayer: Science and Healing* (Harvard University Press, 2012).

Además de acoger con beneplácito la investigación realizada por investigadores externos, Randy Clark también está excepcionalmente interesado en aplicar un lente médico a los fenómenos de sanidad que se reportan con tanta frecuencia en sus reuniones. Este interés lo motivó a escribir una disertación doctoral en la que investiga los efectos a largo plazo de las experiencias de sanidad en individuos con condiciones médicas documentadas que requirieron la implantación quirúrgica de piezas metálicas en el cuerpo. Este es un esfuerzo pionero que debería ser apreciado por quienes acostumbran a orar por los enfermos, además de médicos, académicos y legisladores, por lo que pueda revelar sobre los efectos de las prácticas de oración.

Si los líderes religiosos y seculares quieren superar la abundancia de confusión y controversia que continúa rodeando las prácticas de oración por sanidad, deberían estar anuentes a que haya más investigación seria sobre el asunto. La escasez de tal investigación motivó la fundación del

Global Medical Research Institute. La misión del GMRI es facilitar la revisión de registros médicos de antes y después de experiencias notables de oración por sanidad por un panel de especialistas médicos, publicar informes de casos de experiencias de sanidad sin explicación médica, y para apoyar estudios clínicos rigurosos.

El ejemplo de Randy Clark ilustra que gran parte de la sospecha mutua que divide a los que oran por sanidad de aquellos que la estudian es innecesaria y de hecho inútil. Todas las partes interesadas se beneficiarán al aprender más sobre lo que sucede cuando las personas oran por sanidad.

DOCTORA CANDY GUNTHER BROWN

Profesora de Estudios Religiosos, Universidad de Indiana

Autora de *Testing Prayer: Science and Healing*
y *The Healing Gods: Complementary and
Alternative Medicine in Christian America*

INTRODUCCIÓN

No todas las presentaciones se hacen al comienzo de una relación. A veces, uno mismo se presenta formalmente horas después de haber estado hablando con alguien. Confirmando lo dicho, quiero que conozca la historia antes de presentarle oficialmente a las personas que toman parte en ella. Las presentaciones de las tesis doctorales y los asesores de doctorado y mentores de seminario, junto con una introducción al ministerio de Global Awakening (Despertamiento Global), donde se produjeron la mayoría de tales historias, y una en cuanto a mí mismo, están al final del libro. Dicho lo anterior, usted puede decidir leer las presentaciones antes de leer el libro, durante la lectura o después de haber terminado de leerlo. La única presentación que he hecho aquí es la que tiene que ver con la estructura del libro y su propósito.

Testigo de milagros está dividido en dos partes. La primera la integran testimonios, de muchos de los cuales fui testigo ocular. Todos estos testimonios tienen que ver con milagros y con lo sobrenatural. La primera parte consta de cinco capítulos.

Este libro comienza con evidencias de los milagros. La gente suele decir: «Lo creeré cuando lo vea». Comenzamos con este deseo de mostrar lo milagroso. Además de los videos de testimonios de sanidades y milagros, también relato mi experiencia personal con ángeles y el reino espiritual, específicamente, experiencias que tienen que ver con mis viajes ministeriales internacionales. Luego, analizo las experiencias extracorporales.

Algunas historias son sobre personas que murieron y resucitaron, otras sobre personas que fueron llevadas al cielo sin haber muerto y otras que estuvieron muy cerca de la muerte. También incluyo una historia de bilocación. Además, analizo casos en que se escucha la voz audible de Dios. Comparto sobre la *xenolalia*, que es la capacidad de hablar un idioma, o idiomas, sobrenaturalmente, sin haberlo aprendido previamente. Finalmente, describo numerosas sanidades físicas, incluidas la recuperación de personas con trastorno bipolar o esquizofrenia, cuadripléjicas y parapléjicas, ciegas, sordas, etc. También de personas sanadas de Parkinson, cáncer, esclerosis múltiple y amputaciones, y de cómo algunas fueron sanadas por la risa santa.

La segunda parte, que consta de diez capítulos, trata de los problemas relacionados con los milagros. Me ocupo de los escépticos y su definición de milagros y sus argumentos resultantes en contra, así como la manera en que intentan explicarlos. Me refiero al uso que hacen de un argumento circular con el cual resulta prácticamente imposible demostrar los milagros por la vía de la lógica. Además, expongo la definición bíblica de lo que se conoce como milagros hoy, y la forma en que la Biblia presenta los argumentos para los milagros. También dedico un espacio a considerar la diferencia entre dos cosmovisiones conservadoras con respecto a los milagros y comparo sus posiciones a la luz de la Biblia. Incluyo un análisis de los pasajes bíblicos que usan palabras diferentes para las demostraciones del poder de Dios que incluyen el concepto de milagro, aunque sin que se utilice propiamente la palabra *milagro*. Analizo tres cosmovisiones diferentes sostenidas por eruditos bíblicos que afectan su comprensión de los milagros tanto en los tiempos bíblicos como en la actualidad. Finalmente, reviso las oportunidades para crecer en el ámbito sobrenatural de los ministerios, un «Ahora que creo, ¿cuál es el siguiente paso?». Pues, ya. Comencemos con la evidencia de los milagros —evidencia visual real—, evidencia que usted podrá ver.

TESTIMONIOS EN VIDEO

Muchos de los individuos sanados en las historias siguientes aceptaron compartir sus testimonios después de que ocurrió su sanación. Estos testimonios fueron capturados en video y están disponibles para que los pueda ver en: globalwakening.com/eyewitnesstomiracles. Este enlace puede encontrarse también en las notas finales con referencia a los testimonios de sanidades. Una cosa es leer una historia y otra muy distinta es ver a la persona contar lo que experimentó inmediatamente después de ocurrida la sanidad. Estos videos harán que este libro sea aún más creíble y apreciable. Lo que usted tendrá que hacer es sencillo: simplemente abra los enlaces en su computadora escribiendo el enlace y haciendo clic. Y para quienes tengan un interés aún mayor en el tema, se pueden ver cientos de sanidades en YouTube.com. Busque el canal de Youtube de Global Awakening, que tiene el logo global de una persona cayendo, y luego en las «Playlists», seleccione Testimonios Notables para ver numerosos testimonios de sanidades, y muchos más que vendrán.

PRIMERA PARTE

LA EVIDENCIA DE LO MILAGROSO

Los ciegos ven, los cojos andan, los que tienen lepra
son sanados, los sordos oyen, los muertos resucitan y
a los pobres se les anuncian las buenas nuevas.

—LUCAS 7.22

CAPÍTULO 1

LOS CIEGOS VEN

En este capítulo veremos los asombrosos testimonios de quienes una vez fueron ciegos, pero ahora ven. Comenzaremos con una historia que ocurrió en el sur de Brasil.

EN EL SUR DE BRASIL: SANADO DE AFECCIÓN DEL GLOBO OCULAR

En Brasil, un joven con afección del globo ocular se sanó mediante la oración. Según la madre, desde que su hijo era un bebé no había visto nada más que una mancha negra a través del ojo izquierdo. En ese ojo tenía solo un cinco por ciento de visión y lo que veía, lo veía borroso y nublado. Pero después de que alguien oró por él, el joven dijo que podía ver. Su madre aseguró que su hijo nunca había visto números, pero una vez que fue sanado, él fue capaz de nombrar cada número que le enseñaron.

• • •

Además de esa historia notable, las siguientes revelan que Dios todavía está en el negocio de dar vista a los ciegos.

FORTALEZA, BRASIL: SANADO DE CEGUERA EN EL OJO IZQUIERDO

En Fortaleza, Brasil, un hombre ciego de nacimiento fue sanado y pudo ver. En una conversación con un pastor y un experto en el crecimiento de la iglesia, supimos que el hombre había nacido sin el nervio óptico adherido a la parte posterior de su ojo. Se produjo un milagro de tipo creativo, y su nervio óptico creció donde antes no había nada.[1]

BELFAST, IRLANDA: UNA MUJER PUEDE VOLVER A LEER

Durante los últimos quince años, he visto cientos de ojos ciegos abiertos, y muchos sanados de ceguera en ambos ojos. La mayor cantidad de estas sanidades ha ocurrido en Brasil, aunque también ha habido en India, Camboya, Argentina, Irlanda, Guatemala y varios otros países, incluido Estados Unidos. La primera persona sanada de ceguera cuando oré por ella fue una mujer en Irlanda del Norte. La recuerdo hasta el día de hoy. Ella estaba en su casa y nos dijo a mi asociado Mark Endres y a mí que lamentaba no poder leer la Biblia. La diabetes había dañado completamente sus ojos. Oramos y Dios le devolvió la vista.

ARGENTINA: MUJER RECIBE LA VISTA

Unas semanas más tarde, Kirk Hintz, miembro de mi iglesia en St. Louis, fue conmigo a Argentina. Éramos once en ese viaje. Hasta entonces no había llevado conmigo un equipo para ministrar. Kirk estaba preparándose para ir a dormir en el hotel donde nos hospedábamos cuando dijo: «Ahora me doy cuenta de cuán escépticos somos en Estados Unidos. Estoy sentado aquí pensando en lo que vi esta noche con mis propios ojos y estoy luchando por creer lo que mis propios ojos vieron. Esta noche oré por una mujer que estaba sorda de su oído izquierdo y ciega de su ojo izquierdo. Su ojo era blanco en lugar de café. La segunda vez que oré por ella, su ojo era normal, el blanco había cambiado a café. Y podía ver». Nunca he olvidado el choque frontal de Kirk con su escepticismo occidental.

ESPOSA CIEGA POR LA DIABETES VE EL ROSTRO DE SU MARIDO

La noche siguiente estaba orando por una mujer que tenía neuropatía y problemas de colon. Dios la sanó, por lo cual ella estaba muy feliz. Cuando hizo ademán de irse, me dijo que también era ciega debido a su larga batalla contra la diabetes. Después de haber orado unas semanas antes en Irlanda del Norte por ceguera inducida por la diabetes, me emocioné ante la posibilidad de ver a mi segunda persona ciega con diabetes recuperando la vista. Ella dudaba. No quería que orara por su vista. Se sentía lo suficientemente agradecida de haber sido sanada de su severo dolor abdominal. Le conté de la mujer que acababa de ser sanada de su ceguera por la diabetes unas semanas antes, y le pedí que me dejara orar por ella. Aceptó.

Oré varias veces por ella. Gradualmente comenzó a recibir la vista. Al principio solo podía ver el brillo de una luz grande y brillante sobre nosotros. Seguí orando, y ya pudo ver objetos, pero no podía decir si eran personas. Después de orar nuevamente, pudo ver lo que sabía que eran personas, pero estaban muy borrosas y aún no podía distinguir los colores. Luego sentí que el Señor me decía que orara una vez más y que después, ella podría ver bien.

Comencé a orar, y mientras estaba orando, hice que su esposo, que también había estado ciego, se parara a un poco más de un metro delante de ella. Cuando terminé de orar, salí de su campo de visión. Ella vio y reconoció a su marido, y ambos se abrazaron, llorando de gratitud por la capacidad de volver a verse. Estas fueron mis primeras dos personas ciegas sanadas. Nunca se olvidan las primeras veces.

GOIÂNA, BRASIL: SEIS CIEGOS
SANADOS EN UNA NOCHE

La mayor cantidad de ciegos que vi sanar en una noche ocurrió en Goiânia, una bulliciosa ciudad de más de un millón de personas en el sur de Brasil. Estaba en la Iglesia Videra, una iglesia de alto nivel educacional que había crecido de tres mil la primera vez que la visité a unos treinta mil de asistencia como promedio. Nuevamente había llevado un equipo de unas setenta personas del Ministerio Internacional Despertamiento Global. El pastor, Aloisio Silva, nunca había visto a una persona ciega recobrar la vista. Esa noche, hubo una fuerte unción para los ciegos. Él oró por dos que fueron sanados. Y otras cuatro personas ciegas terminaron viendo.

Yo oré por una de las que fueron sanadas aquella noche. Era una mujer que no veía nada. Le hice algunas preguntas para tratar de descubrir la causa por la que había quedado ciega y así orar más específicamente por su sanidad. No descubrí nada que indicara que se tratara de ceguera por una causa natural. Oré varias veces, pero no hubo mejoría. Cada vez que volvía a preguntarle si podía ver algo, su respuesta era que no.

Sentí, entonces, la necesidad de preguntarle cuándo, puntualmente, había perdido la vista. Qué había pasado en aquel momento. Si había habido algo traumático antes del inicio de la ceguera.

—El único evento traumático fue la muerte de mi padre —me respondió.

—¿Qué tan cerca estuvo la aparición de la ceguera de la muerte de su padre? —le pregunté.

—Inmediatamente.

Intenté algo más.

—¿Estuvo con su padre cuando murió?

—Sí

—¿Tocó a su padre cuando murió?

—Sí.

De repente sentía que sabía la causa de su ceguera. No había sido por una causa natural; tampoco por un trauma psicológico provocado por la muerte de su padre. Sospeché que se trataba de un espíritu maligno que había estado en su padre, y que había entrado en ella en el momento de su muerte. Así es que le dije:

—Voy a orar por usted una vez más, y después de esta oración podrá ver.

Esto es lo que llamo un don de fe. No digo eso a la gente para fortalecer su fe. Hasta ese punto no había habido ningún cambio positivo. Así es que oré: «Le ordeno a este espíritu maligno que deje a esta mujer, y a sus ojos les ordeno que vean. Ojos, en el nombre de Jesús les ordeno que vean. Y a este espíritu maligno le ordeno, en el nombre de Jesús, que se vaya».

Y a la mujer le dije que abriera los ojos. Cuando lo hizo, pudo ver. Estábamos todos muy emocionados esa noche al ver a los ciegos recuperar la vista y comprobar la autoridad que tenemos en el nombre de Jesús.

GOIÂNIA, BRASIL: EL MILAGRO MÁS PORTENTOSO

Esa misma noche en Goiânia se encontraba un hombre ciego por más de cincuenta años que no había recibido sanidad. Seis habían recobrado la vista, pero él no. Este era un caso bastante inusual. Una miembro de nuestro equipo sintió que debía orar por él. A menos que seamos dirigidos por el Espíritu Santo en otra dirección, seguimos el método de orar por si hubiese algún defecto físico; así es que ella lo entrevistó para averiguar qué pasaba con sus ojos. Sus ojos eran blancos a partir de una cicatriz de aproximadamente un octavo de pulgada que cubría toda la pupila y la córnea. En lugar de los típicos ojos color café, los suyos eran color blanco lechoso. No había visto nada durante cincuenta años.

La miembro de nuestro equipo supo por la entrevista que cuando el hombre era un niño de cinco años había derramado accidentalmente ácido muriático en sus ojos. Por lo tanto, se trataba de una ceguera por una causa natural. Quedaba descartada la ceguera psicosomática o por la presencia de un espíritu maligno. Entonces ella habló a la condición, ordenando a sus ojos que se sanaran, que el tejido cicatrizado se desintegrara, y que se reconstruyan las pupilas y las córneas. Después de estas oraciones de mando, le indicó al hombre que abriera los ojos; quería constatar si podía ver algo.

Cuando abrió sus ojos, no veía nada. Entonces, se sintió impulsada a apartarse con el ciego y comenzar a orar por él mientras el culto comenzaba. Oró por él durante toda la hora de adoración, las dos horas de enseñanza y ministerio por palabra de conocimiento, y luego durante más de una hora durante el tiempo en que el equipo oraba con imposición de manos. Oró durante más de cuatro horas por esta única persona.

Habitualmente hay tantas personas por las cuales orar que por lo general pido al equipo que no se extiendan demasiado orando por una sola. (Esa noche había no menos de seis mil personas). A veces estamos tan abrumados por las peticiones de oración que pido a los miembros del equipo que oren por dos personas a la vez, imponiendo sobre ellos ambas manos. En realidad, procuramos no quedarnos mucho tiempo con una sola a menos que algo extraordinario suceda durante el tiempo de oración. En cuanto a este hombre, no estaba ocurriendo nada excepcional.

¿Por qué, entonces, la miembro de nuestro equipo se quedó y oró todas esas horas por él? Le dijo a alguien en el equipo, a modo de explicación, que cada vez que planeaba detenerse y orar por alguien más, recibía una fuerte impresión que le decía: «No dejen de orar». Pero cuando la noche terminó con tantas personas ciegas y enfermas que sanaban, ella dejó al hombre todavía ciego. Yo me pregunto cómo se habrá sentido ella aquella noche. Me pregunto si se cuestionó si había oído a Dios correctamente o si había pasado por alto algunas de sus instrucciones sobre el caso.

A la mañana siguiente, ella se fue con el equipo de Global para regresar a Estados Unidos y visitar otros países.

Tres días más tarde, volé desde el sur de Brasil al norte del país para unirme a otro de nuestros equipos. Poco después de llegar, sonó mi teléfono. Era el pastor de la iglesia que acabábamos de dejar. Se sentía muy emocionado. Me contó la historia que acabo de contarles. Y agregó: «Este hombre no pudo ver nada cuando terminó la noche. Tampoco pudo ver nada al día siguiente con su noche, pero a la tercera mañana, aunque se había ido a la cama totalmente ciego, se despertó con ojos nuevos y una visión clara».

Como el expediente médico del hombre estaba en el hospital local, era cosa sabida que había estado ciego durante cincuenta años. El pastor me dijo: «Ahora mismo está en el hospital por tercera vez. Los doctores insisten en que les diga cómo podía ver» (como la pregunta al hombre ciego de nacimiento según el Evangelio de Juan, capítulo 9). ¡Este es el mayor milagro en la historia de nuestra ciudad!

Estas personas, y muchas más, se han convertido en fieles creyentes en las promesas de sanidad de Dios, y estoy seguro de que hoy, cada uno de ellos testificaría con entusiasmo: «Señor mi Dios, te pedí ayuda y me sanaste» (Salmos 30.2). ¿Le pedirá usted auxilio a Él hoy?

CAPÍTULO 2

LOS COJOS ANDAN

Cuando Juan envió a sus discípulos a preguntar a Jesús por pruebas de que Él era el Mesías, Jesús les respondió: «Vayan y cuéntenle a Juan lo que han visto [...] los cojos andan» (Lucas 7.18-22). Yo he sido personalmente testigo de que «los cojos andan» porque el poder de Dios sigue estando presente y activo hoy. Este capítulo cuenta sus historias.

GUARULHOS, BRASIL: CANCELADA CITA PARA AMPUTACIÓN DE UN PIE

Mientras estaba ministrando en Guarulhos, Brasil, una tarde de 2011, tuve una impresión muy débil y muy breve. No estaba seguro, pero sentí como si escuchara la palabra *bicicleta* o *motocicleta*. Sentí que alguien que estaba presente en la reunión había resultado herido. Admito que la impresión era tan débil que no estaba seguro de que fuera de Dios, pero quería asegurarme, así que di la palabra de conocimiento. Dije: «Creo que alguien resultó herido en una bicicleta o en una motocicleta».

Inmediatamente noté que una joven comenzaba a temblar. Estaba ubicada justo en frente de mí, en la tercera fila, sentada en la silla del extremo. Supe que ella era la persona. Salí de la plataforma y caminé hacia donde estaba ella para saber qué estaba pasando. Me di cuenta por su temblor que Dios la estaba tocando. Cuando llegué a su asiento, noté las pinzas (muletas que se envuelven alrededor de los brazos justo encima de los codos) que yacían en el suelo debajo de su silla. También noté que tenía un vendaje alrededor de un tobillo y cubría el tendón de Aquiles y el talón.

Hablé con ella y descubrí que quince años atrás había tenido un accidente mientras conducía una motocicleta. Su talón había quedado atrapado en los rayos de la rueda trasera. Como resultado, había perdido una gran porción de carne y músculo del talón y del tendón de Aquiles. Había tenido varias cirugías. Su médico había intentado un injerto muscular, que había fallado. La joven ahora tenía un agujero en el talón lo suficientemente grande y profundo como para que cupiera en él una pelota de golf. Si intentaba caminar sin muletas, el área lesionada podría rasgarse y hacerse aún más profunda. Por espacio de quince años no había podido caminar sin muletas.

Había venido a esta iglesia porque escuchó que iba a haber una reunión de sanidad. No pertenecía a la iglesia, sino que era bautista, y esta era una iglesia carismática de unas ocho mil personas. Había viajado en transporte público atravesando toda la ciudad de Saõ Paulo, que tiene alrededor de cuarenta y cinco millones de personas. La razón por la que hizo este viaje tan arduo era porque su doctor le había dicho que a la semana siguiente tendría que amputarle el pie porque se estaba volviendo necrótico. La carne se estaba muriendo y se estaba desarrollando una infección que pondría en peligro su vida si no le amputaban el pie.

Ella nunca había oído hablar de mí, ni yo me había dado cuenta de su presencia hasta que me acerqué a ella. Tampoco la había visto cuando llegó a la reunión caminando con sus muletas; sin embargo, supe que era la voluntad de Dios sanarla porque Él me había dado esta palabra de conocimiento, y al dar un paso de riesgo y expresarlo, descubrí que había estado en lo correcto cuando sentí que había escuchado de Dios que alguien en la audiencia había tenido un accidente en motocicleta. Además, el hecho de que el poder de Dios corriera por su cuerpo, haciéndola temblar levemente, era alentador para mi fe. Ella no solo me contó su historia, sino que me mostró imágenes del agujero en el talón, que eran bastante gráficas.

(Más tarde, cuando mostré las fotos en otra iglesia mientras contaba su testimonio, una joven se desmayó y tuvieron que sacarla de la reunión).

Comencé a orar por ella. Cuando lo hice, me dijo que había sentido que algo sucedía en su talón; luego, que se sentía como si quisiera caminar sin sus muletas. Cuando intentó hacerlo, una sonrisa se dibujó en su rostro. Era la primera vez desde el accidente que podía caminar sin dolor. Dijo que se sentía como si estuviera caminando sobre malvaviscos. Al día siguiente, estaba de vuelta en la iglesia, bailando en la plataforma.

Durante las siguientes semanas, el hueco se fue cerrando paulatinamente. El tejido necrótico cambió de color: de un tejido muerto negro oscuro a rosado. Se canceló el plan de amputarle el pie. Unos años más tarde asistió a una de mis reuniones y bailó en el escenario. Está felizmente casada.

Me siento tan emocionado por haber corrido el riesgo de parecer imprudente y haber aprovechado la oportunidad cuando escuché la voz de Dios en aquella iglesia. Al estar dispuesto a correr ese riesgo y dar un paso de fe, descubrí que estaba en lo correcto. La palabra de conocimiento creó fe en esta mujer de veintiocho años para ser sanada y también creó fe en mí como un ministro de sanidad. Lo más emocionante es que no fue la única persona que estuvo enfrentada a la posibilidad de una amputación en menos de una semana y que fue sanada. A otras dos mujeres se les había dicho que necesitaban amputaciones. Pero recibieron sanidad y no tuvieron que someterse a la pérdida de partes de sus piernas.[1]

UBERLÂNDIA, BRASIL: CANCELADA CITA PARA AMPUTACIÓN DE UNA PIERNA

En 2010 estaba en Uberlândia, Brasil, en una iglesia de varios miles. Durante el tiempo del ministerio, una mujer pidió oración. Cuando la entrevisté para averiguar cuál era su necesidad, me mostró su pierna. Debajo de la rodilla, en la parte interior de su pierna izquierda, observé una gran llaga que había estado infectada durante varios años. La llaga medía unas cuatro pulgadas de largo por una pulgada y media de ancho, y era tan profunda que se podía ver el hueso. Los médicos habían probado sin resultado diferentes tipos de antibióticos para combatir la infección. Cuatro médicos coincidieron en que la carne se estaba volviendo necrótica y que a la semana siguiente tendrían que amputarle la pierna justo debajo de la rodilla.

Cuando comencé a orar por ella, me dijo que sentía cómo una ráfaga de poder se manifestaba en su pierna, especialmente en el área donde estaba la llaga. Seguí orando por su sanidad. Ordené a la infección que desapareciera y que la carne se restaurara.

Un año después, cuando regresamos a esa iglesia, la mujer estaba allí con una gran sonrisa de agradecimiento. Seguía teniendo sus dos piernas. La venda había desaparecido por lo que pude ver el área donde había estado la llaga. La carne había vuelto a crecer. Me dijo que cuando regresó a control médico a la semana siguiente, después de haber orado por ella, los médicos quedaron sorprendidos al ver que la carne necrótica había vuelto a ser carne sana y, más importante aún, la infección que los médicos no habían podido atacar estaba muerta. Los doctores le preguntaron qué había sucedido. Ella les dijo que había sido sanada mediante la oración. Lo que sigue es más de su historia. Es una traducción de lo que Josilla (ese es su nombre) compartió en portugués.

Josilla vino el año pasado para que oraran por ella, pues había tenido una condición grave en su pierna durante aproximadamente diez años. Era como una úlcera abierta. Podía verse el hueso porque era muy profunda. Estaba en peligro de una trombosis. Los vendajes debían cambiarse cada dos días, lo que le costaba unos ochenta dólares cada vez, porque tenía que ser realizado por un médico, que le quitaba los vendajes y raspaba la herida. Era algo terrible. Los doctores ya habían decidido amputar la pierna antes de que la infección se extendiera más. Cuando hace un año vino a la iglesia, alguien comenzó a orar por ella. Josilla sintió como si le bajara agua caliente por la pierna. Alguien tuvo una palabra de conocimiento para su condición, por lo que se quitó las vendas. Randy oró por ella durante unos diez minutos, y el dolor se fue. La hinchazón disminuyó y nunca volvió a ponerse los vendajes. Después de su sanidad, fue examinada por un equipo de seis médicos. Le hicieron otra prueba. Quitaron parte del tejido para analizarlo y no encontraron infección. No hay dolor, y (su cicatriz) continúa mejorando.

BRASIL: MUJER CUADRIPLÉJICA ES SANADA DE UNA ESCLEROSIS MÚLTIPLE AVANZADA

Unos años más tarde, estuve en Brasil con otro de nuestros equipos ministeriales. (Siempre llevo un equipo conmigo cuando voy a Brasil. Aproximadamente la mitad de las sanidades ocurren cuando el equipo ministra y la otra mitad ocurre cuando ministro yo desde la plataforma). Un programador de computadoras de Nueva Inglaterra, llamado Dennis McCormick, formaba esta vez parte del equipo. Durante el tiempo de ministrar, la familia de una mujer la trajo a Dennis. Se trataba de una cuadripléjica con esclerosis múltiple avanzada.

Dennis oró por ella durante casi dos horas, tiempo durante el cual recibió sanidad. Aunque la sanidad no fue instantánea, cuando Dennis terminó de orar, la enferma pudo mover sus brazos y piernas, y pudo caminar sola. Dennis no podía controlar su alegría y emoción cuando veía a la gente sanada mediante la oración. Durante los siguientes años, hizo varios viajes conmigo a Brasil. Más tarde se mudó a nuestra sede en Mechanicsburg, Pensilvania, y se convirtió en uno de mis internos personales.

Mucha de la gente en mi equipo ha experimentado el derramamiento del Espíritu Santo para permitirles orar en la autoridad del nombre de Jesús, y ven sanidades y milagros en nuestros días. Jesús prometió que haríamos obras más grandes que Él si solo nosotros creemos (Juan 14.12). El poder de imponer las manos en los enfermos y testificar su recuperación es solamente uno de los muchos beneficios de la crucifixión, resurrección y ascensión de Jesús, y ese poder está disponible hoy, pero solamente para aquellos que han creído (Marcos 16.15-18).

MEDIO ORIENTE: CUADRIPLÉJICO PUEDE TENERSE EN PIE

Mi amigo, Leif Hetland, un evangelista apostólico que tiene un poderoso don de sanidad, lo que le permite ver muchos milagros, compartió las siguientes dos historias de sanidad de personas cuadripléjicas. La primera es de un hombre de un país del Medio Oriente.

Recibí una asignación que estuvo a punto de convertirse en una misión imposible. Se trataba de llevar el evangelio del reino a un área donde no había ni un testigo cristiano. Con un pequeño equipo, decidimos hacer una explosión de sanidad, y utilizando cincuenta mil afiches, invitamos a cualquier persona enferma u oprimida a que viniera. Dijimos que Jesús estaría allí.

El ambiente estaba tenso debido al miedo creado por los terroristas suicidas. A la tercera noche de campaña, con una asistencia de más de veintidós mil personas con todo tipo de enfermedades, la muchedumbre comenzó a desesperarse, al punto que estuvo a punto de subirse a la plataforma. Allí había de todo: diversos casos de cáncer, parálisis, ceguera, sordera y otras afecciones. La desesperación se apoderaba de las masas.

Todavía recuerdo cuando la presencia de Jesús comenzó a extenderse por ese enorme campo y las explosiones de gozo fueron en aumento a medida que la gente comenzaba a experimentar su presencia. Y entonces empezaron a producirse milagros creativos. Los tumores desaparecían, los ojos ciegos se abrían, los sordos oían, y los primeros dos cuadripléjicos se ponían de pie, uno desde una silla de ruedas y el otro desde una camilla. Esto se puede apreciar en las imágenes de video tomadas en el evento, porque tuvieron lugar enfrente mismo de la plataforma.

La línea de milagros creativos era tan larga que no pudimos contar el número, y mucho menos las otras sanidades que estaban ocurriendo. Jesús nos estaba mostrando cuán bueno es el Padre, y la presencia de Dios era como un manto de paz sobre las multitudes.

A lo lejos, mientras estaba en la plataforma, vi a alguien levantar una silla de ruedas en el aire. Luego lo vi bajarla y levantar a un niño para que yo lo viera. Luego bajó al niño y levantó la silla de ruedas otra vez. Era imposible que pudiera acercarse a la plataforma debido a la multitud. Me dio mucha pena cuando el equipo de seguridad se hizo cargo de nosotros y nos llevó casi en andas a través de la gente hasta nuestros vehículos, antes de que la gente nos aplastara.

Después de transcurridas veinticuatro horas de aquella situación, todavía estaba en estado de *shock*. Emocionalmente agotado, me hallaba sentado en el vestíbulo del hotel donde nos hospedábamos. Daba gracias a Dios por lo que había hecho, pero al mismo tiempo estaba experimentando un dolor profundo por algunas de las personas que habían venido a la reunión, pero no habían conseguido lo que deseaban. Una de las imágenes que había quedado grabada en mi mente era la de aquel hombre con el niño y la silla de ruedas.

Más tarde ese día, mi coordinador en el Medio Oriente recibió una llamada telefónica de la persona que había organizado la cruzada. Dijo que algo extraño estaba sucediendo. Habían pasado veinticuatro horas, pero la presencia continuaba allí afectando a mucha gente. Entre tantas historias que tenía para contar, se refirió a un padre que había llevado a su hijo, un tetrapléjico de doce años. El hombre, un musulmán, se había enterado de las historias y los testimonios y, como su último recurso, había llevado al hijo a la reunión con la esperanza de que este Jesús pudiera hacer algo por él.

Desde el extremo izquierdo de la plataforma donde se encontraba, había alzado la silla de ruedas de su hijo, y más tarde, a su hijo, esperando que alguno de nosotros notáramos su necesidad. No lo consiguió; por eso, embargado por una profunda decepción, volvió a casa y puso al niño en su estera, en el suelo.

Sin que el padre se diera cuenta, durante toda la noche la presencia de Dios se estuvo moviendo sobre el niño y dio origen a un milagro creativo.

Temprano en la mañana, el niño se dio cuenta de que podía mover manos y piernas y, finalmente, cuando el milagro creativo se completó, tuvo fuerzas suficientes para hacer algo que nunca había hecho. Se levantó de su estera, entró a la cocina y abrazó a su padre; estaba totalmente sanado. No puedo dejar de llorar cuando recuerdo esta historia. La fidelidad y la presencia de Jesús siguen trabajando, y a través de ese dulce beso de Papá Dios, ese pequeño deseo en mi corazón se estaba cumpliendo.

IOWA, ESTADOS UNIDOS: MUJER CUADRIPLÉJICA VUELVE A CAMINAR

Un domingo por la noche del año 2009 me encontraba ministrando en una iglesia del Medio Oeste. Cerca de las diez de la noche y cuando el servicio ya había terminado, después de orar por muchos enfermos, dos personas en sillas de ruedas vinieron al frente. Una de ellas era una joven que había quedado paralizada desde el pecho hacia abajo, a raíz de un accidente automovilístico que había sufrido siete años atrás. Yo estaba cansado, y también la persona que la acompañaba. Yo quería llegar al hotel lo más pronto posible, cuando el pastor vino y me dijo: «Hay algunas personas más por las cuales orar antes de que se vaya». Me acerqué a la joven en la silla de ruedas, que para estos efectos la llamaremos Janet, y le dije quién era yo.

Después del accidente cuando tenía dieciocho años, otras personas habían orado por ella: Bill Johnson, Randy Clark y yo, por nombrar algunos. El hecho de que siguiera en la silla de ruedas no ayudó a mi nivel de fe.

—¿Qué le gustaría que el Padre hiciera por usted? —le pregunté.

—Que sane mi espíritu huérfano —respondió.

Mi corazón de padre de tres hijas de repente estaba sangrando. Me di cuenta de que cuando se ha orado por alguien cientos de veces sin resultados, la persona se siente más como una huérfana que como una hija amada.

Le pregunté a Janet si estaba bien liberar un bautismo de amor para que ella supiera cuánto Papá Dios la amaba y que se sentiría feliz de sanarla. Y ella asintió. Después de haber orado, le pedí al Espíritu Santo una señal de que Janet iba a ser sanada. En verdad miré su cuerpo y me dije qué sería más fácil, así es que le pregunté:

—¿Podía mover los dedos? —Me dijo que no. Le dije que íbamos a pedirle al Padre que, como hija amada de Aquel que quiere sanarla, nos diera una señal de que esta noche la iba a sanar.

Le pregunté si podíamos creer, ella y yo, que sería capaz de mover una pulgada su mano izquierda. Estuvo de acuerdo. Oré y no pasó nada. Oré por segunda vez, por tercera vez, y por cuarta vez, y todavía no había sentido nada. Pero entonces pude ver sus dedos comenzando a moverse, y una chispa apareció en sus ojos. Le dije:

—¿Crees que Dios está cansado?

—No —me respondió. Así que continuamos orando.

Primero oramos para que pudiera abrir su mano izquierda; luego, la derecha. Después oramos para que pudiera levantarlas por encima de su cabeza. Cada vez veíamos un avance específico. Continuamos este proceso y, paso a paso, no dejamos de orar pidiendo más. Le pedí al pastor principal que viniera y se uniera a nosotros, y para entonces ya había de veinticinco a treinta personas mirando.

Tomó aproximadamente una hora y cuarenta y cinco minutos para que Janet se levantara de la silla y diera el primer paso. Y antes de veinte minutos desde el primer paso andaba corriendo por el santuario, con los niños persiguiéndola. Llegaron su padre y su hermana. Su padre era un cristiano que no creía que Dios todavía realizaba milagros. Ahora estaba impresionado por la bondad de Dios.

Para el siguiente servicio se había corrido la voz sobre lo que Dios había estado haciendo, y el santuario estaba lleno cuando Janet caminó hasta el frente del escenario y compartió su testimonio. El lugar explotó en expresiones de adoración. Esa fue la primera vez que vi un gran milagro creativo en Estados Unidos y el punto de partida para comenzar a creer que el Jesús que he visto en África, Medio Oriente y Asia es el mismo Jesús en Estados Unidos.

MANAOS, BRASIL: OFICIAL DE POLICÍA CON SEVERO DAÑO EN LA COLUMNA ABANDONA SU SILLA DE RUEDAS

En agosto de 2003 estábamos en Manaos, una ciudad de aproximadamente un millón de habitantes que se encuentra en las profundidades de la selva amazónica en el norte de Brasil. Era nuestra primera noche ministrando. En el autobús de camino a la iglesia iban los ochenta miembros del equipo. Les pregunté cuántos habían tenido palabras de conocimiento para la sanidad. Casi tres cuartas partes del equipo nunca las habían tenido. Luego les pregunté cuántos habían orado por la sanidad de alguien y los habían visto sanados. Una vez más, las tres cuartas partes del equipo nunca habían visto una sanidad después de orar. Les dije: «Antes de que hayan transcurrido cuarenta y ocho horas, cada uno de ustedes tendrá una palabra de conocimiento para sanar y habrá orado por alguien que haya sido sanado».

Y así ocurrió. Antes de cuarenta y ocho horas, cada uno de ellos había recibido una palabra de conocimiento y visto a alguien ser sanado al orar por ellos.

Esa noche, alrededor de las once, después de que mi equipo y yo hubimos dado palabra de conocimiento, orado y visto desde la plataforma a cientos sanados, pedí a los miembros de mi equipo que bajaran al piso.

Así lo hicieron, formando una larga fila que miraba hacia la concurrencia, la cual sería de unas mil personas. Luego invité a la gente a venir al frente y decirle a nuestro equipo cuál era su necesidad de oración; entonces se les imponían las manos y se oraba por ellos, pidiendo sanidad. (Había traductores, pero también nuestro equipo había aprendido algunas frases en portugués que les ayudaron al orar por los enfermos).

A medida que la gente iba pasando, notaba que uno de los miembros del equipo, a quien para este efecto llamaremos Sam, se veía muy nervioso. Nunca había orado por nadie en su vida. De hecho, se había unido al equipo para alcanzar experiencia en cuanto a orar por los enfermos. Su esposa había estado con nosotros en otros viajes y al regresar a casa le había contado acerca de todas las sanidades que había presenciado.

Alcohólico en recuperación, durante tres años Sam había querido venir con nosotros, pero cada vez, poco antes del viaje, «se caía de la carreta». Avergonzado, no viajaba. Este año, sin embargo, se había mantenido sobrio.

Mientras la gente se adelantaba, hizo esta oración: «Dios, tú sabes que nunca he orado por nadie; la verdad es que no sé cómo hacerlo, así es que, por favor, mándame uno fácil: un dolor de cabeza o un dolor de estómago».

Miró hacia la multitud y vio a un hombre joven en una silla de ruedas que venía hacia él. Y oró: «¡No, Señor, ¡ese no! Uno fácil, un dolor de cabeza o un dolor de estómago». Desvió la mirada para evitar hacer contacto visual con el joven, pero momentos después, el joven lo tenía agarrado de los pantalones y no dejaba de tirar de ellos.

Aunque Sam nunca había orado por nadie, todos los miembros del equipo habían recibido instrucciones a través de videos y libros sobre cómo orar por los enfermos. Al fin, no teniendo forma de escaparse, empezó a conversar con el parapléjico y así supo que era un oficial de policía de veinticinco años a quien le habían disparado en el estómago y la bala, en su recorrido, le había dañado la médula espinal.

El vuelo en que venía Sam lo habían cancelado en Atlanta; a raíz de eso, había pasado toda la noche en el aeropuerto, prácticamente sin dormir.

Al día siguiente su vuelo había salido a Sao Paulo y de ahí a Manaos. Prácticamente estuvo despierto durante casi cuarenta y ocho horas. Por eso, mientras Sam oraba por el parapléjico, este casi se quedaba dormido parado. Volvió a hacerle preguntas al parapléjico para ver si algo estaba sucediendo en respuesta a su oración. El joven le dijo: «No, no estaba sucediendo nada». Sam, que al comenzar creía tener una fe pequeñísima, de pronto le parecía que no tenía fe en absoluto.

Sin embargo, pese a esa sensación que lo asaltó de repente, recordó algo que había escrito en el *Manual de Capacitación del Equipo Ministerial*. Había escrito: «No espero que sanes a nadie. Solo Dios puede sanar; pero lo que sí espero es que ames a la gente y que los trates con respeto». Entonces, se dijo: *No he orado mucho por este joven; si me detengo ahora, sentirá que no lo aprecio. Y aunque no tengo fe como para que sea sanado, voy a seguir orando por él para que se sienta valorado y amado.*

A medida que las horas avanzaban aquella noche, a Sam se le hacía más y más difícil mantenerse despierto. Así cuenta lo que ocurrió: «Mi cabeza prácticamente había caído sobre el hombro del joven parapléjico, y cuando ya empezaba a roncar, el joven saltó desde su silla de ruedas, me agarró, puso su cara en mi hombro y sus lágrimas empaparon mi camisa. Luego dio media vuelta y se fue, caminando, al tiempo que empujaba su silla de ruedas». Nosotros no nos dimos cuenta de nada; en realidad, es difícil detectar una sanidad y filmarla en el momento en que ocurre y cuando tienes un equipo de ochenta personas trabajando intensamente. Sin embargo, al día siguiente grabamos el testimonio del joven.[2]

BELÉM, BRASIL: PARAPLÉJICO POR UN ACCIDENTE AUTOMOVILÍSTICO

En otro viaje internacional del ministerio, fui hasta Belém, una ciudad en el norte de Brasil, cerca de la Amazonía y pegada al Océano Atlántico. A esta ciudad llegaron, en 1909, los primeros misioneros pentecostales de Estados Unidos, y dieron origen a las Asambleas de Dios en Brasil, que es más antigua que las Asambleas de Dios en Estados Unidos.[3] Yo estaba trabajando con la Iglesia Cuadrangular brasileña. En las reuniones al aire libre, llevadas a cabo en un campo abierto sin ningún asiento, habría no menos de veinticinco mil personas. Todos permanecieron de pie durante las tres noches que duró la cruzada, incluso en una noche bajo la lluvia.

Nuestro avión se había retrasado, y cuando llegamos al lugar de la campaña, el culto ya había comenzado. Yo no conocía al pastor principal que había organizado la reunión. Durante la primera noche, algunos miembros del equipo ministerial de la iglesia local aseguraron que muchas personas habían experimentado sanidad. Como para respaldar sus palabras, tomaron varias sillas de ruedas y llevándolas sobre sus cabezas, las colocaron en el escenario. Cuando terminó la reunión, vi con mucho pesar que las personas que supuestamente habían sido sanadas venían a buscar sus sillas de ruedas, se acomodaban en ellas y esperaban que alguien las sacara del recinto. La verdad era que no habían sido sanadas. Lo vi como un engaño que me llenó de vergüenza.

Al finalizar la reunión de la última noche, conversé con el hijo del pastor principal que tenía a su cargo cientos de iglesias en ese estado del Brasil. El joven quiso saber qué me había parecido la campaña. Había habido cientos de sanidades. Estaba tan emocionado que me invitó para que volviera a llevar a cabo otra campaña. Le dije que la que acababa de finalizar me había parecido buena, pero que me sentía decepcionado. Habría querido ver algunos milagros, ciegos viendo, sordos oyendo y especialmente a alguien abandonando su silla de ruedas.

Me aseguró que había un hombre sanado de una parálisis que lo había mantenido parapléjico por cinco años.

«¿No vio cuando levantaron la silla de ruedas en el aire? —me preguntó el hijo del pastor.

Entonces le conté lo que había visto la primera noche y lo mal que me había sentido cuando me di cuenta de que la declaración de personas sanadas no correspondía con la realidad. Le dije:

—Sí, vi la silla de ruedas levantada en el aire, pero temí que no fuera realmente cierto, sino otro caso en que se anunciaba una sanidad que no había ocurrido. Por eso no hice mención de la silla de ruedas que los líderes de la iglesia habían mostrado como prueba de un milagro.

—Randy, yo conozco a ese hombre —respondió el joven—. Me consta que hace cinco años sufrió un accidente de auto y desde entonces no ha podido moverse de la cintura para abajo. Esa fue una sanidad auténtica. Ahora él está caminando.

Acepté regresar y llevar a cabo otra cruzada. Estaba muy emocionado porque un parapléjico había recibido sanidad.

BRASIL: MUJER SANADA DE UNA PIERNA

También en 2010, en Brasil, una mujer llamada Milena informó haber tenido, hacía ocho años, un accidente de motocicleta que le rompió la tibia. Como resultado, su pierna izquierda era tres pulgadas más corta que la derecha. Luego la herida se le infectó al punto en que los médicos temieron que tendrían que amputarle la pierna. Le quitaron un tendón de la rodilla derecha y reemplazaron uno de su rodilla izquierda. Para mantener los tendones en su lugar tuvieron que colocarle tornillos en la rodilla.

En el verano de 2009, el equipo de Youth Power Invasion oró por ella. Cuando fue a control, el médico descubrió que el tornillo ya no estaba. Pero su pierna más corta le causaba dolores de espalda; sin embargo, durante la oración la pierna creció hasta alcanzar su tamaño normal. Hoy, Milena ni cojea ni tiene dolor.

• • •

La gracia de Dios ha quedado de manifiesto en estas historias. Oro para que su fe para experimentar esta bondad de la gracia de Dios revelada en las sanidades haya fortalecida. Jesús «es el mismo ayer y hoy y por los siglos» (Hebreos 13.8). Que pueda usted creer en Él y recibir su sanidad hoy.

CAPÍTULO 3

LOS ENFERMOS SON SANADOS

Muchas personas afligidas han encontrado consuelo y esperanza en Salmos 107.20, que dice: «[Dios] envió su palabra para sanarlos». En este capítulo, compartiré las historias de varios que alguna vez estuvieron enfermos, pero que ahora están bien, precisamente porque Dios envió su palabra y los sanó. Dios continúa enviando sus palabras específicas a los creyentes hoy como confirmación de que la sanidad por la que han orado se ha concedido, o como palabras de conocimiento que indican lo que Dios específicamente ha elegido para sanar en un ambiente particular. Esta palabra del Señor revela su voluntad, lo que provoca una mayor medida de fe o el don de la fe para ir a aquellos que necesitan sanidad. De esta manera, la palabra del Señor hace que aumente la fe y, como resultado, se produce el don de la sanidad.

HIGH POINT, ESTADOS UNIDOS: UNA MUJER SANADA DE *SHOCK* SÉPTICO E INFECCIÓN

El 9 de junio de 2004, el cuerpo de Susan Starr experimentó un trauma cuando el tejido de una cicatriz de una cirugía de siete años atrás le estranguló el colon; este se gangrenó y estalló mientras ella estaba en el jardín.

Susan había tenido muchos problemas de salud antes de este incidente, por lo que había desarrollado una gran tolerancia al dolor. De hecho, mientras su colon se estaba infectando, seguía con su trabajo de maestra de

24

segundo grado y todo parecía ir bien. Al producirse el estallido del colon, entró en estado de *shock* séptico. Sus brazos y piernas se acurrucaron, lo que impidió que su cerebro y su corazón sufrieran daño. Pero esto lo supo más tarde. Permaneció así hasta que los paramédicos le suministraron oxígeno.

Pero lo que realmente se vio afectado fue su sistema nervioso. Esa noche la operaron para quitarle una porción del colon. Los médicos no estaban seguros de que pudiera sobrevivir.

Después de la cirugía, y mientras trataba de recuperarse, empezó a experimentar continuos desmayos. Los doctores le diagnosticaron un estado de agotamiento de su sistema nervioso. Y para evitar que su ritmo cardíaco aumentara demasiado, le prescribieron una píldora que tenía que tomar por las mañanas, y otra por las noches para evitar que descendiera demasiado. Ella tuvo que empezar a tomar muchas pastillas: algunas para controlar la presión arterial, otras para mantener la temperatura del cuerpo estable, otras para la respiración, para la digestión y para el flujo sanguíneo. Sufría al menos diez a quince episodios de diarrea al día, lo que la obligaba a pasar horas en el baño. Incluyendo analgésicos, estaba ingiriendo entre cuarenta y cinco y cincuenta y cinco píldoras por día.

Susan decía que el dolor que sentía era insoportable porque la sangre no llegaba a irrigarle los pies. Cuando se despertaba por las mañanas, sus brazos y piernas eran de color azul y morado. Tuvo que dejar de enseñar y permanecer acostada gran parte del día. Su alimentación consistía en una dieta estricta y sus actividades eran muy limitadas. Los médicos le dijeron que su enfermedad era progresiva y terminal. A medida que fueron pasando los años, varios órganos se vieron afectados y empezaron a deteriorarse. Tuvo que someterse a otras cirugías para que le quitaran algunos órganos dañados.

Durante todo ese tiempo estuvo buscando la sanidad. Incluso enseñaba un estudio bíblico sobre la sanidad. Anhelaba verse libre de todas sus aflicciones. Escribió en un trozo de papel la frase de Salmos 118.17: «No he de morir; he de vivir», y lo llevaba adondequiera que fuera.

Una de las cirugías de Susan requirió que pasara la noche en el hospital. Al despertar a la mañana siguiente notó con asombro que en una libreta de notas que tenía en su mesita de noche había escrito el nombre «Randy Clark» cinco veces. Sin saber quién era Randy Clark, empezó a preguntarle a todo el mundo. Una de sus amigas le dijo quién era. Prontamente, Susan me llamó e intentó hacer una cita, pero yo estaba viajando. Sin embargo, supo que pronto estaría en High Point, Carolina del Norte, para realizar una Escuela de Sanidad. High Point estaba cerca de su casa.

Después de salir del hospital, Susan siguió en una situación bastante precaria. Cuando estaba en casa tenía que movilizarse en una silla de ruedas y cuando salía, con la ayuda de un andador. Un día, el médico que la atendía le dijo a su marido que se preparara para la muerte de su esposa y que pensara en despedirse. Susan comenzó a ordenar sus cosas y a regalar muchas de ellas. En abril de 2013, y siguiendo la recomendación de su médico, fue puesta bajo el cuidado de un servicio para enfermos terminales.

Pero cuando la Escuela de Sanidad llegó a High Point, Susan asistió, e incluso pasó al frente. Pero no pudo permanecer mucho tiempo. Tuvo que retirarse después de una hora y media. Pasó durmiendo el resto del día y toda la noche.

A la mañana siguiente se levantó, se vistió y regresó a High Point. Después de unos cinco o diez minutos en la conferencia, la amiga que la acompañaba le dijo que Rodney Hogue oraría por ella. Cuando se reunieron los dos, Susan le dijo a Rodney que dijera: «¡Estás sana en el nombre de Jesús!». Después que lo pusiera al tanto de todos sus problemas de salud, Rodney comenzó a orar. Se dirigió por nombre a todas las partes de su cuerpo, desde la cabeza hasta los pies. Susan cuenta que mientras él oraba, sintió algo como «chocolate dorado caliente» corriendo por su cuerpo.

Cuando Rodney habló a sus pulmones, sintió «oro líquido» y supo que algo estaba sucediendo. Cuando él se dirigió a su colon, ella pudo sentir cómo se movía. No tenía control sobre sus pies. Simplemente se sentía dominada por un gran calor. Se sentía como si flotara, y se dio cuenta de que no tenía dolor. Sus amigas la acostaron en una estera en la parte delantera de la iglesia. Mientras estaba acostada allí, recuerda haber escuchado: «Anda a Brasil».

Se levantó por sus propios medios y se fue al comedor. Allí vio una cantidad de todas las comidas que no podía comer. Pensó que ver toda esa comida allí era una prueba que le ponía el Señor; así que llenó un plato y se lo comió todo. En ese momento cayó en la cuenta de que había sido sanada. Se sintió maravillada.

Esa noche fue al aeropuerto manejando su propio auto para recoger a su esposo. Él no tenía idea de lo que había ocurrido. Tan pronto como la vio, se puso a brincar con ella en sus brazos y a gritar: «¡Susan, estás sana!».

Cuando Susan regresó a la Escuela de Sanidad, sus amigas corrieron a decirme que Susan había sanado. Entonces la llevé adelante. La semana anterior ella estaba postrada en cama, pero ahora, de pie junto a mí, estaba lista para dar su testimonio. En el siguiente receso, cuatro personas se presentaron para que Susan orara por ellas. Al orar, comenzaron a caerse. En el baño, una mujer pidió que orara por ella y también cayó al piso.[1]

Desde el día en que fue sanada, siente sus manos como si estuvieran ardiendo. El fuego solo viene cuando Dios quiere sanar a alguien.[2]

TRINITY MUSIC CITY, TENNESSEE: SANADO DE UN PARKINSON AVANZADO

La primera vez que vi a alguien sanar de Parkinson fue en 1994 o en 1995. Yo estaba en Trinity Music City, en Hendersonville, Tennessee, durante la serie más difícil de reuniones que tuve durante todo ese año. Me encontraba en el día veintitrés de un ayuno de cuarenta días, ayuno que tenía como propósito obtener un gran avance en milagros creativos. En esa noche yo estaba predicando sobre impartición, especialmente para aquellos que tenían veintinueve años o menos, e hice una invitación a pasar al altar a aquellos que se sintieran llamados a convertirse en pastores, plantadores de iglesias, misioneros, líderes de adoración o evangelistas. Quería imponerles las manos y bendecir lo que el Espíritu Santo estaba haciendo en sus vidas. Así es que le dije a la congregación: «Esta noche, solo esta noche, no voy a orar por los enfermos. Si usted necesita sanidad, suba al balcón, donde mi equipo orará por usted. Esta noche solo oro por estos jóvenes que desean dedicar sus vidas al ministerio».

Poco después de este anuncio, mientras oraba por los jóvenes, una mujer llamada Ana se me acercó y me pidió que orara por ella. Su marido, Elvis, estaba detrás de ella. Ana tenía solo cuarenta y nueve años, pero parecía tener sesenta. Estaba temblando. (En ese momento había muchas personas temblando, pero su temblor se debía a la unción del Espíritu Santo).

—Esta noche no voy a orar por sanidad, solo por impartición de dones. ¿No oyó lo que acabo de decir? —le dije.

—Sí lo oí y fui con su equipo —me dijo—. Oraron por mí, pero no me sané. Creo que Dios me dijo que, si usted oraba por mí, Él me sanaría.

No creí que Dios le hubiese dicho eso; pensé que era solo su imaginación. La verdad es que no quería salir de mi plan original, pero he descubierto que a veces es más fácil hacer una breve oración y luego continuar con lo que siento que Dios me está diciendo que haga. Así es que le pregunté:

—¿Qué le pasa? ¿Cuál es su problema?

—Tengo Parkinson —me dijo—. Tiemblo tanto que nunca he podido abrazar a mi nieto de dos años. No tengo una memoria corta. No puedo recordar un número de teléfono. No puedo caminar sin apoyarme en mi esposo, y estoy perdiendo el control de mi vejiga. El otro día estaba en la tienda de comestibles y me hice pis. Estoy gastando doscientos ochenta dólares por mes en medicinas. Necesito estar en un hogar de ancianos y no podemos pagarlo. No puedo seguir viviendo así. Necesito la sanidad.

Le puse la mano en su frente y dije: «Ven, Espíritu Santo». Antes de que pudiera decir algo más, había caído al suelo. Ahí estaba y no temblaba.

Le pregunté a su esposo si era normal en su enfermedad que no estuviera temblando.

—No es normal —respondió Elvis—. El único momento en que no tiembla es cuando está profundamente dormida.

Pensé: *Bueno, tal vez caer bajo la influencia del Espíritu Santo sea como un sueño profundo*. Y me fui para orar por los jóvenes que estaban esperando en el altar. Pero intrigado por lo que había ocurrido con esta mujer, regresé y le pregunté a su esposo:

—Elvis, ¿qué es el Parkinson?

—Es una enfermedad que mata las células del cerebro —me respondió—, y mi esposa tiene ochocientos millones de células muertas.

Cuando Elvis dijo esto, me emocioné muchísimo. Recordé que estaba en el vigésimo tercer día de ayuno para ver milagros creativos. Así es que me acerqué a ella, me arrodillé junto a su cuerpo que seguía inmóvil, levanté mi mano izquierda mientras colocaba mi mano derecha sobre su frente. Y oré: «Oh Dios, llamo a estas cosas que no son como si lo fueran. En el nombre de Jesús, te pido quinientos millones… no, esa no es la cantidad correcta… ¡Necesito ochocientos millones de células cerebrales nuevas!».

Cuando dije eso, la mujer, que yacía en silencio en el piso, comenzó a retorcerse, gritando:

—¡Dejen de orar! ¡Dejen de orar! ¡Mi cabeza, me está matando!

—Oh, Dios —la interrumpí yo—, no la escuches a ella. Escúchame a mí. ¡Más! ¡Más! ¡Más!

Luego ella se quedó completamente quieta. Me incliné y le susurré al oído:

—¿Qué está pasando?

—No siento nada. No escucho nada —dijo. Alrededor de nosotros había mucho ruido ocasionado por personas que estaban orando—. Todo lo que sé es que estás aquí. Jesús está aquí y Elvis está aquí.

Entonces comenzó a levantar su mano derecha, extendiendo su brazo por completo. Movía su mano de adelante hacia atrás, mirándosela. ¡Y lo hacía sin el más mínimo temblor! Luego comenzó a mover su brazo izquierdo formando un semicírculo, terminando con su dedo índice en la punta de la nariz. Eso lo hizo muchas veces. Elvis me miró y me dijo:

—¿Sabe lo que está haciendo?

—No, —le dije—, ¿qué está haciendo?

—Esa es una prueba para reconocer la enfermedad del Parkinson. Por muchos años no había podido hacer eso —me contestó su esposo.

Se incorporó afirmándose en uno de sus codos y le pidió a Elvis que le trajera un vaso con agua. Se lo bebió todo. Ambos estaban emocionados. Pensé: *¿Tomarse un vaso de agua? ¿Qué tiene de particular?* Pero Elvis, al percibir mi reacción, me miró y dijo:

—Había perdido la capacidad de beber de un vaso; ella solo podía sorber a través de una pajilla.

—¿Puedo subir a la plataforma? —me pidió Ana.

Pensé: *Dios la sanó. Ahora ella es reina por un día; que haga lo que quiera.* Una vez en la plataforma, se volvió, agarró la mano de Elvis, la apretó y dijo:

—¡Estoy apretando la mano de mi marido! —Con el pie dio tres fuertes golpes sobre el piso de la plataforma, dio un paso hacia adelante y se acercó al borde de la plataforma. Fijando la vista en los cientos de ojos que la observaban maravillados, dijo—: No he podido abrazar a mi nieto, que tiene dos años. Temían que lo dejara caer con todos mis temblores. Voy a ir a casa a abrazarlo. He gastado doscientos ochenta dólares cada mes en medicina. Ahora no sé qué vamos a hacer Elvis y yo con todo ese dinero.

Se volvió hacia mí y me preguntó:

—¿Hay un piano?

—No —le dije—, pero sí hay un teclado.

—¿Puedo tocarlo?

—Por supuesto —le dije. Yo no sabía si podría tocar; pero nos dirigimos hacia donde estaba el teclado y ella comenzó a tocarlo. Lo hacía bastante bien.

Elvis se acercó a mí con lágrimas en los ojos y me dijo:

—Hace siete años yo estaba cantando y ella me acompañaba al piano. En medio de una canción, se detuvo. No pudo dar con una nota ni con un acorde. Avergonzada, salió corriendo del edificio por una puerta lateral. A la semana siguiente fuimos al consultorio del médico y la diagnosticaron con Parkinson.

Esta era la primera vez en siete años que sus manos se posaban en un teclado.

Entonces, mientras tocaba, comenzó a cantar. Cantar era el don de su esposo, no el de ella. Pero qué importaba. Habíamos visto un milagro creativo frente a nuestros propios ojos. El cerebro de Ana había sido regenerado. A nadie le importaba que desafinara; más bien, todos comenzaron a unirse a ella mientras cantaba.

No había ojos donde no asomaran las lágrimas.

KENTUCKY, ESTADOS UNIDOS: SANADO DE CÁNCER DE PÁNCREAS CON SOLO SEMANAS DE VIDA

En 1995 estuve en Evangel, la iglesia más grande de las Asambleas de Dios en Kentucky, pastoreada por Bob Rodgers. Había ido a predicar en una cruzada de renovación.

Mientras estaba ministrando, un mecánico de Georgia me trajo a un joven llamado Tony Ellis. Me preguntó si podía orar por él. Cuando miré al joven, me di cuenta de que tenía algún tipo de cáncer.

—¿Qué te pasa? —le pregunté—. ¿De qué necesitas sanarte?

—Tengo cáncer de páncreas —me dijo—. Acabo de cumplir veintitrés años. Soy enfermero. Hice todo lo que médicamente pude, pero sin resultado. Me quedan solo unas cuantas semanas de vida.

También me dijo que era católico, aunque solo de nombre. Le dije que iba a orar por él.

—Tony, no ores tú mientras yo estoy orando por ti —le dije—. Quiero que te relajes y que te concentres en tu cuerpo. Si comienzas a sentir algo, házmelo saber. Alrededor del cincuenta por ciento de las personas que se sanan sienten algo, pero el otro cincuenta por ciento no sienten nada. Mi fe no está en lo que sientas, sino en Dios. Sin embargo, si sientes algo, dímelo, porque me alentará y me ayudará a saber cómo orar mejor por ti.

Cuando comencé a orar, no pasó mucho tiempo antes de que viera el poder de Dios venir sobre él. Bajo la presencia de ese poder comenzó a temblar y a sentir calor. Cuando esto sucedió, me sentí muy alentado porque sabía que el Señor se había manifestado, y que su poder estaba tocando a Tony. Así es que me limité a descansar en un deleite pacífico, sabiendo que Dios estaba trabajando en él. De cuando en cuando decía: «Dios, bendigo lo que estás haciendo. Bendigo tu poder que está tocando a Tony».

Después de unos quince minutos, el temblor y el calor cesaron. Tony se levantó para irse, a la vez que me daba las gracias por la oración.

—No me parece que debas irte todavía —le dije—. Creo que puede haber más de lo que Dios quiere que hagas. ¿Por qué no esperamos unos cinco minutos dando tiempo a que Dios te toque de nuevo?

Estuvo de acuerdo, así que volvió a su asiento y una vez más oré: «Señor, no queremos perdernos lo que estás haciendo. Si hay más cosas que deseas hacer en la vida de este joven, entonces nos dispondremos a recibirlas. Padre, si hay más, muéstranoslo a él o a mí». Unos minutos después de hacer esta oración, el Espíritu cayó de nuevo sobre Tony.

Durante quince a veinte minutos, Tony experimentó varios ciclos de ser tocado por el poder eléctrico de Dios; luego, por unos cinco minutos, no sintió nada antes de que comenzara otra ronda. Oré por él tres o cuatro veces al día. Cada vez experimentaba varios de estos ciclos.

Luego, el último día, la última vez que oré, vio lo que parecía una bola de fuego que venía hacia él. Entró en su cuerpo y, de esta manera, se completó su sanidad.

Varias semanas después visité de nuevo esa iglesia y me encontré con Tony que estaba siendo bautizado. Estaba totalmente sano. Se convirtió en evangelista y a veces oraba por los enfermos durante sus reuniones.

RIBEIRÃO PRETO, BRASIL: MUJER SANADA DE CÁNCER GRADO IV

Mi vicepresidente, Tom Jones, oró por una mujer en Ribeirão Preto, Brasil, que padecía de un cáncer en el último grado. Su cuerpo ya no respondía a los tratamientos médicos tradicionales. Pero cuando se oró por ella, experimentó una sanidad instantánea.

Cuando acudió a una cita con su doctor, este no lo podía creer. Le preguntó qué había pasado: «¿Qué fue lo que hizo?», a lo que ella respondió: «¡Dios me sanó!». El doctor le dijo que quería estudiar su caso para tratar de entender cómo Dios la había sanado.

Algunos meses más tarde yo estaba en la misma iglesia y ella vino a la plataforma para dar su testimonio de sanidad. Dijo que su doctor estaba tan impresionado porque no había nada más que la ciencia médica pudiera haber hecho para detener el avance del cáncer. Y que le dijo: «No tengo ninguna duda de que Dios la sanó».

CALIFORNIA, ESTADOS UNIDOS: DIOS USA A UN NIÑO DE DOCE AÑOS PARA SANAR A UN VETERANO DE CÁNCER

Bill Johnson cuenta la historia de un veterano del Valle de Sacramento, California, que había recibido un informe de que se estaba muriendo de cáncer. Su hijo, creyente, trató de llevarlo a la iglesia Bethel, en Redding, para que oraran por él. Pero él, incrédulo como era, dijo que no.

Con el paso de los días, el cáncer empeoró, y él finalmente accedió a ir a la iglesia. Entró al santuario, pero se sentía inquieto y sin ningunas ganas de permanecer allí. No tenía ni un poco de fe. Solo había ido para complacer a su hijo.

Cuando el grupo de oración vino a orar por él, les dijo: «Pueden orar por mí, pero no me toquen». Cerrando los ojos, se dispuso a descansar mientras oraban por él.

Entonces, ocurrió que un niño de unos doce años se acercó y lo tocó en el pecho; solo eso, pero el veterano cayó de su silla. Aún en el piso, preguntó furioso quién lo había empujado. Cuando se le dijo que un niño lo había tocado, aceptó la explicación y se levantó. No está claro hasta qué punto se dio cuenta en ese momento, pero a través de las conversaciones que siguieron supo que nadie lo había empujado. Había caído por la fuerza del poder de Dios. Cuando volvió a una cita con su médico, descubrió que ya no tenía cáncer. Pero para mí, algo aún más emocionante sucedió después.

Volvió al médico y le dijo a él y a algunos de sus ayudantes que había estado en la iglesia Bethel. Entonces imprimió un folleto con su testimonio, agregó en el reverso de la hoja un mapa con la ubicación de la iglesia y comenzó a distribuirlo.

A partir de entonces, él llevaba muchas personas a la iglesia cada semana pidiendo oración. Una señora, a la que fue necesario ayudar a pasar a la plataforma por el intenso dolor que sufría, se sanó por completo. Había llevado a la señora a la iglesia, pero cuando iban de regreso a casa en un vehículo que el veterano manejaba, ella le pidió el volante y condujo el resto del camino. Además de esta señora, llevó a muchas otras personas a la iglesia y, hasta donde llega mi conocimiento de este caso, todas se sanaron.

Ese veterano entregó su vida al Señor, se mudó a Redding y ahora es parte de nuestro equipo ministerial. Antes había sido un motociclista de esos duros, rechazando todo lo que tenía que ver con Dios, pero ahora es un tipo tierno y gozoso.

REX BURGHER DE MONTANA, ESTADOS UNIDOS: SANADO DE ESCLEROSIS

El siguiente es un testimonio escrito por un hombre que pareciera haberse hecho eco de las palabras de José cuando dijo: «Ustedes pensaron hacerme mal, pero Dios transformó ese mal en bien» (Génesis 50.20). Dios no enferma a la gente. Es el ladrón, el diablo, quien viene a «robar, matar y destruir» (Juan 10.10). Pero Dios puede transformar lo que Satanás quiere destruir en algo «bueno» para la gloria de Dios. Esto fue lo que ocurrió con Rex. Una vez atormentado por la enfermedad, hoy ora por sanidad para quienes sufren de la misma enfermedad que lo agobió a él. Esta es su historia, salida de sus propios labios.

Cuando una enfermedad inesperada viene sobre nosotros, a menudo nos enfrentamos a la pregunta: «¿Por qué a mí?». Sea que la afección se origine en una condición física, emocional o espiritual, o en una combinación de las tres, el cuerpo tiende a reaccionar dando origen a una enfermedad física. A veces es difícil saber qué fue lo que causó la enfermedad, pero con el tiempo la perspectiva de una persona comienza a identificarse los eventos que tuvieron lugar en el momento que se produjo la enfermedad. Cuando tal cosa ocurre, es posible dar con la causa de la enfermedad. Por eso, para ver a Dios trabajando, hay que mirar atrás y ver lo que Él ha hecho.

Para mí, todo comenzó en 1994, un año antes de que Dios derramara su Espíritu sobre nuestra familia y comenzara a usarnos para promover el avivamiento en la Iglesia ACM y a través de todo el estado de Montana, en el noroeste de Estados Unidos. Casi como algo sin importancia, alguien me preguntó a qué iglesia iba. Se lo dije, y entonces reaccionó diciendo:

—¡Oh! ¡Entonces usted pertenece a la fe Bahá'i!

—¿Por qué dice eso? —le pregunté.

—Porque el edificio donde está su iglesia tiene los símbolos Bahá'i grabados —respondió.

—¿Qué símbolos? —le pregunté extrañado.

—Esos dos círculos entrelazados en la parte superior del edificio representan la fe Bahá'i —dijo.

Yo era uno de los ancianos de la iglesia y pertenecía a ella desde hacía casi cuatro años. Nunca me había detenido a pensar en el significado de esos círculos que estaban arriba de nuestra iglesia. Siempre creí que eran parte del diseño de la entrada. Descubrir de pronto lo que realmente representaban y que habían estado allí por tanto tiempo sobrepasaba mi capacidad de comprensión. Dos noches después, en una reunión de ancianos, pregunté a los pastores y a otros ancianos si sabían esto. «¡Oh, sí!», me dijeron. «El arquitecto que diseñó el edificio pertenecía a la fe Bahá'i. Por eso colocó esos símbolos en la parte superior del edificio. Nosotros teníamos la esperanza de alcanzarlo para Cristo, así que simplemente dejamos que lo hiciera». Yo no podía creer lo que estaba escuchando, pero lo que más me exasperó fue que a pesar de que el arquitecto no se había convertido a la fe de Cristo, habían conservado los símbolos en la parte superior de la fachada del edificio.

«Voy a quitar esos símbolos porque la gente piensa que nuestra iglesia pertenece a la fe Bahá'i», les dije. Sin embargo, por cuestión de atenerse a los procedimientos de la iglesia me dijeron que, si bien no se oponían a la idea, pero había que llevarlo a la junta directiva para que lo aprobara y viera si había recursos para hacer el trabajo.

Los miré y les dije: «Yo pondré el dinero y esta semana traeré una grúa para retirar esos símbolos». Al final de la semana, los símbolos estaban camino del vertedero.

Curiosamente, no fue mucho tiempo después que empecé a sentir un dolor en el dedo pequeño de mi pie izquierdo. Era una sensación extraña y se sentía como si alguien lo hubiera agarrado, arrancado y torcido al mismo tiempo. A los pocos días, el dolor se había extendido por mi pierna izquierda hasta la pantorrilla, manifestándose como una sensación de entumecimiento. Me recomendaron que fuera a ver a un quiropráctico, y así lo hice. Me realizó varias pruebas de diagnóstico, pero nada cambió. Al final me dijo que había hecho todo lo que sabía que tenía que hacer y que me recomendaba que viera a mi médico de familia.

Tardé dos semanas en concertar una cita para hablar con él, y para entonces el entumecimiento había saltado a la otra pierna ascendiendo hasta la cintura. Al acudir a la cita con mi médico, ya tenía un entumecimiento de la cintura para abajo. Era como si alguien me hubiera inyectado novocaína en tal cantidad que me tenía afectada toda la mitad de mi cuerpo.

Después de examinarme, mi médico me refirió a un neurólogo, quien de inmediato ordenó una resonancia magnética. Ya habían pasado casi cuatro semanas desde que noté aquella punzada en mi dedo meñique.

Al siguiente día, después de la resonancia magnética, el médico nos citó a mi esposa y a mí a su consultorio. Nos mostró las resonancias magnéticas y señaló una esclerosis en mi espalda. Para entonces, el entumecimiento se había radicado en mis pies, lo que me dificultaba caminar. Mientras hablábamos, le dije al médico que creía que necesitaba nuevos anteojos, pues con los que estaba usando no veía bien. Esto alarmó al neurólogo. De inmediato ordenó una resonancia magnética cerebral y una punción lumbar. Aunque era tarde ese día, pudieron conseguirme una resonancia magnética. Mientras esperábamos para que se nos diera a conocer el resultado, el médico me dijo que creía que se había formado otra esclerosis y que probablemente perdería la vista. ¡No hay nada como buenas noticias para animar el día del paciente! Decir que esa noche en casa vivimos un ambiente sombrío sería decir lo menos.

A la mañana siguiente, fuimos de nuevo con el especialista, que ya había revisado los resultados de la resonancia. Procedió a decirnos cuáles serían los próximos pasos para combatir la esclerosis en mi espalda que estaba causando el entumecimiento. Finalmente, después de diez minutos más o menos, le pregunté cuáles eran los resultados de la resonancia magnética cerebral. Dijo: «¡Oh, eso! Las pruebas salieron bien. No hay señales de más esclerosis en su cerebro». De buena gana lo habría abofeteado. Lo que nos había dicho antes de tener los resultados de la prueba realmente nos había asustado y causado mucho estrés sin ninguna base. Me pareció que aquello había sido un castigo cruel, inusual e innecesario.

Así que solo había una esclerosis, por lo que no se trataba de una esclerosis múltiple, pero el entumecimiento siguió aumentando hasta que tuve una sensación cero alrededor de mi cintura. Mis piernas se pusieron tan insensibles que casi necesité un bastón.

Fue durante la punción espinal que vinieron nuestro pastor y uno de los ancianos. Me ungieron con aceite y oraron por mí. Mi esposa, Lois, sintió que algo significativo había ocurrido mientras oraban, y estaba segura de que Dios había respondido a sus oraciones. Luego ella misma oró para echar fuera cualquier espíritu demoníaco que se considerara con derecho a atacarme. Sin embargo, como no estábamos seguros de que se había producido la sanidad por el poder de Dios, seguí tomando los medicamentos recetados por los médicos y seguí sus instrucciones mientras pudiéramos ver con seguridad que Dios realmente me había sanado. Yo no sentí nada significativo mientras oraban por mí. No dudaba de la seguridad de Lois en cuanto a que algo había sucedido. Porque después de haber orado por muchas personas a través de los años y haberlas visto recibir sanidad, incluso meses después, creí que, si Dios realmente me había tocado, pronto estaría experimentando alguna medida de sanidad, si no una completa, por lo menos un alto a la espiral descendente que estaba experimentando.

Alabado sea Dios, nuestras oraciones fueron respondidas; no solo se detuvo la espiral descendente, sino que sucedió algo sobrenatural. Con una esclerosis, lo mejor que se puede esperar es que no aparezca otra esclerosis. Una esclerosis hace un daño irrevocable a una sección de las terminaciones nerviosas que corren a lo largo de la columna vertebral. Es como tener una serie de cajas de conexiones llenas de cables eléctricos ubicados arriba y abajo de la columna vertebral. Cuando una de esas cajas repentinamente se malogra, afecta una parte diferente del cuerpo. Una caja eléctrica es una esclerosis; cuando se dañan varias, se produce lo que se conoce como esclerosis múltiple. Una vez que se ha producido el daño, no hay ninguna posibilidad de entrar y reparar los circuitos que no trabajan.

Por lo tanto, no se ha sabido que desaparezcan por sí solos los síntomas que son el resultado de una esclerosis, pero eso fue lo que me sucedió. Lo único que me quedó fue una punzada ocasional en mi dedo meñique del pie izquierdo, que tal vez experimenté como un recordatorio de la gracia sanadora de Dios en vida.

Me sentí bendecido al recibir la sanidad; fue una confirmación para nosotros de que la mano de Dios se manifestó en mi vida. Mirando hacia atrás, ahora creemos que el ataque físico sobre mí y, posteriormente, sobre mi familia estuvo relacionado directamente con la eliminación de los símbolos ocultos en la fachada del templo. El enemigo quiso eliminarme antes del derramamiento del Espíritu Santo sobre nuestra familia. Debido a esto, nuestros planes se vieron alterados, lo que nos puso en la posición correcta para ser utilizados poderosamente por Dios en todo el mundo.

Antes de que todo esto que he relatado sucediera, habíamos planeado una excursión a caballo a Black Hills para el verano. Con nuestra gente en la cabina de la camioneta de una tonelada, el remolque y el tráiler para cuatro caballos, con nuestros caballos debidamente instalados, estábamos listos para partir. Pero la esclerosis nos detuvo. La última vez que fui a ver mi médico, le había preguntado si, en su opinión, podía andar a caballo. Me dijo que sí, pero con la advertencia: «Sea lo que fuere que vayas a hacer, ten cuidado con tu espalda».

Esa tarde, después de regresar a casa, ensillé un caballo que había montado antes de mi primera esclerosis. Cuando estuve bien acomodado en la silla de montar, el caballo se encabritó, y con los ojos desorbitados y la cabeza vuelta hacia atrás, comenzó a retroceder velozmente. Me di cuenta de que iba directo a golpear con mi espalda contra el poste de enganche, así es que en cuestión de segundos me giré para chocar contra el poste con el hombro en lugar de con la espalda. Allí el caballo se detuvo cayendo sobre mi pierna. Había sido otro intento del enemigo por terminar conmigo. Nunca volví a montar a caballo; lo puse a la venta, y nunca fuimos a las vacaciones que habíamos planeado. En su lugar, fuimos a Canadá para unas vacaciones familiares, y fue entonces cuando el Espíritu Santo nos llevó a visitar a nuestro líder de adoración, quien, siendo canadiense, estaba esperando la documentación necesaria para regresar a Estados Unidos. Cuando decidimos ir a su casa en lugar de continuar nuestras vacaciones, el Espíritu Santo llenó la cabina de nuestra camioneta, y durante nuestro tiempo en su casa, el Espíritu se volvió tan intenso para nosotros como en cualquier otro momento de nuestras vidas. También fue la persona que más tarde nos dio el folleto para asistir a una conferencia: «Let the River Flow» [«Deja que el río fluya»], en Kelowna, Columbia Británica, que fue determinante para nuestro servicio a Dios.

Cuando echas una mirada atrás en tu vida, puedes ver la mano de Dios conduciéndote a un lugar de destino y propósito. Desde el comienzo de nuestra historia, la mano de Dios ha estado sobre nosotros. Si en algún momento le hubiéramos dado al enemigo la oportunidad de desalentarnos lo suficiente como para darnos por vencidos, es posible que nada de lo que estamos escribiendo haya sucedido.

La buena noticia es que Dios nos usó poderosamente para orar por otros con esclerosis múltiple, y no solo algunos sanaron, sino que muchos experimentaron una restauración sustancial de sus afecciones causadas por la esclerosis.

¡Alabado sea el Señor![3]

REDDING, CALIFORNIA, ESTADOS UNIDOS: SANADO DE ESTRÉS POSTRAUMÁTICO

En una reunión en Redding, California, un hombre recibió la sanidad de un trastorno de estrés postraumático (TEPT). Yo había estado repartiendo ejemplares de un libro sobre identidad y este señor quiso saber sobre qué trataba el libro. Me lo preguntó y le di el título. Me dijo que él había perdido su identidad en la guerra. Sentí que si me alejaba, se iría, así es que me quité el micrófono y me senté con él. No había venido a la reunión por su estrés postraumático, sino por su dolor de nervios. Quería que el dolor se fuera para poder vivir una vida normal.

Mike Hutchings vino a orar por él. Le dijo que no bajara la cabeza, sino que se mantuviera mirándolo a los ojos. Había estado cargando con un sentimiento de culpa y de vergüenza por lo que había visto durante su tiempo de servicio. Recurrió a su médico para saber si había alguna posibilidad de librarse del TEPT. Estaba tan desesperado que incluso había pensado en quitarse la vida. Ahora, después de que Mike orara por él, de ir a través de las diferentes etapas de sanidad y una oración que no fue más larga que cinco minutos, sintió paz y la presencia de Jesús. A partir de ese momento, quedó sano, tanto físicamente, como por los efectos emocionales de su trastorno, tan severo que los doctores le habían dicho que sería imposible que se recuperara.[4]

TUCSON, ARIZONA, ESTADOS UNIDOS: PRIMER CASO DE SANIDAD DE ESQUIZOFRENIA

Mi iglesia, en el área de St. Louis, había comenzado un pequeño grupo de apoyo a personas con diagnóstico médico por una enfermedad mental. El grupo empezó a crecer, debido a que son pocas las iglesias que proporcionan tal ayuda. Yo estaba más y más consciente del sufrimiento que experimentaba ese tipo de enfermos.

Al no ver un avance en el área de sanidad de enfermedades mentales, al tiempo que se veía una gran cantidad de problemas físicos siendo sanados, pedí a mis pastores asociados y asistente que se unieran a mí, y empezamos a orar en el santuario por cada enfermo en silla de ruedas y citando Salmos 103.2, 3: «Alaba, alma mía, al Señor, y no olvides ninguno de sus beneficios. Él perdona todos tus pecados y sana todas tus dolencias». Le dije al Señor: «Tú dices en tu Palabra *"todas tus dolencias"*; no solo las enfermedades físicas. Por eso, Señor, te pedimos que también hagas sentir tu poder en los casos de enfermedades mentales. Yo creo que tú puedes sanar cualquier tipo de enfermedad, incluyendo las mentales». Vimos que el Señor comenzaba a sanar enfermedades mentales, pero nuestro Goliat, que parecía burlarse del ejército de Dios, era la esquizofrenia.

Pregunté a varios pastores que tenían ministerios de sanidad si alguna vez habían visto a alguien sanar de la esquizofrenia. La respuesta de todos fue negativa; incluso uno de ellos tenía un hermano con esquizofrenia. Otro amigo y pastor tenía un hijo esquizofrénico.

En mis viajes a más de cincuenta países, solo había oído de dos personas que habían sido sanadas de esquizofrenia: una en forma instantánea, en Argentina, en el ministerio de Omar Cabrera, y la otra durante seis meses de oración y consejería.

El primer caso de sanidad de esquizofrenia en mi ministerio ocurrió en Tucson, Arizona. Yo estaba dirigiendo una escuela de sanidad en la iglesia de mi amigo Bob Sawvelle, pastor de la iglesia Passion.

Una joven de unos veintiocho años había venido padeciendo de esquizofrenia desde hacía unos siete años. Se había graduado de la escuela secundaria con la nota de la Prueba de Aptitud Académica (SAT, por sus siglas en inglés) más alta del estado, y luego había ganado una beca para la Universidad de Virginia, cuando fue atacada por la enfermedad. La esquizofrenia no dejó ni la sombra de lo que había sido. No podía funcionar sola. Sus padres la habían instalado en un apartamento pequeño, pero su madre tenía que preocuparse de que comiera, se bañara, e hiciera las cosas simples que todos hacemos casi automáticamente. Había perdido la capacidad de pronunciar oraciones completas. Su primer nombre era Julie.

Mientras predicaba mi mensaje: «Una base bíblica para la sanidad», sentí que Dios me estaba diciendo que sanaría a los enfermos mientras yo enseñaba la Biblia. Durante casi veintidós años, cada vez que predicaba este sermón, los enfermos se sanaban en el transcurso del mensaje. La primera vez que enseñé ese mensaje tuve la impresión de que Dios me estaba diciendo que le dijera a la gente que, si sentían que la presencia de Dios se manifestaba en sus cuerpos durante el sermón, se pusieran de pie hasta que yo los viera y dijera: «Te bendigo en el nombre de Jesús». Y entonces podrían sentarse. Al final del mensaje, yo quería chequear los cuerpos de todos los que se habían puesto de pie, y que todos los que certificaran que en realidad habían recibido sanidad de sus dolores o habían recibido restauración de alguna función que hubiesen perdido, levantaran sus manos y las agitaran por sobre sus cabezas hasta que sus manos se cruzaran.

En esta noche en particular, había entre la concurrencia uno de los pastores de un equipo pastoral de una iglesia bautista del sur, de unos siete mil miembros, que había disfrutado de mis enseñanzas, hasta ahora. Pero no le gustó mi sermón. Era escéptico y, más que eso, creía que lo que yo buscaba era algo ostentoso. No obstante, aunque no le había gustado el sermón, recibió en su mente y espíritu una orden perentoria: *¡Ponte de pie!* Y esta orden la recibió varias veces. Él se resistía, pensando: *Yo no siento nada, no necesito sanidad.* Pero luego recibió otra orden y se dio cuenta de que no se trataba de sanidad para él, sino para su hijastra, que no era otra que Julie. Entonces salió y fue a traerla a la reunión. Cuando llegó, el pastor Bob Sawvelle puso sus manos en la frente de Julie y simplemente dijo: «Te bendigo en el nombre de Jesús». Julie sintió algo. Pero la más asombrosa sanidad la experimentó esa noche, cuando estaba en su departamento.

Una vez en casa, Julie sintió que Dios le decía: *Unge tu cabeza con aceite.* Julie buscó aceite y ungió su cabeza. Luego, otra vez sintió que Dios le decía: *Ahora unge todo tu cuerpo con aceite.* Julie se quitó la ropa y ungió todo su cuerpo con aceite. Al hacerlo, el poder de Dios vino sobre ella y cayó al piso bajo el poder de Dios. Permaneció en el piso toda la noche mientras sentía una corriente eléctrica que le recorría todo el cuerpo. Cuando amaneció, estaba sana de su esquizofrenia.[5]

OSHAWA, CANADÁ: SEGUNDA PERSONA SANADA DE ESQUIZOFRENIA

La segunda sanidad de esquizofrenia ocurrió con una joven de unos veinte años. Fue en el año 2015 en Oshawa, Canadá. Yo había ido a llevar a cabo una miniescuela de sanidad en la iglesia de mi amigo, el pastor Doug Schneider, un líder apostólico de las Asambleas Pentecostales de Canadá. Le pedí que atendiera a la madre y a su hija. Pasó casi una hora sin que se viera ninguna manifestación de la esquizofrenia en la joven.

La madre vino a verme ese mismo día, pero ya tarde después de haber concluido la escuela y cuando me encontraba orando por los enfermos. Me dijo: «He recuperado a mi hija». Se veía muy conmovida y con sus ojos llenos de lágrimas. Le pregunté qué quería decirme con eso. Y me respondió: «Mi hija tuvo esquizofrenia. Era una excelente alumna de la universidad cuando se le presentó la enfermedad. Acudimos a varios hospitales psiquiátricos sin resultado. Incluso tuve que dejar un buen trabajo que tenía para cuidarla».

Luego me dijo que la lectura de mi libro *The Biblical Guidebook to Deliverance* [Guía bíblica para liberación], publicado por *Charisma House* en 2015, había provocado la sanidad de su hija. El libro recién había salido al mercado. (En este punto quiero ser bien enfático en afirmar que no creo que muchas de las enfermedades mentales o incluso la mayoría de ellas estén relacionadas con lo demoníaco. Afirmar eso sería ingenuo. Sin embargo, también sería ingenuo creer que en ningún caso se puede dar la relación con lo demoníaco).

La madre tenía un ejemplar de mi libro y lo abrió en un capítulo que trataba sobre las maldiciones y las ataduras del alma. Me dijo: «Miré el índice y al ver el título de este capítulo me dije que *allí debería comenzar a leer*. Antes de haber leído cinco páginas, me di cuenta de que había cometido este pecado y que necesitaba arrepentirme. Llevé mi Biblia al piso de arriba, la puse sobre la cama y me arrodillé para orar. Lloré por mi pecado y entonces vomité». (No creo que una persona deba vomitar para ser liberada; solo estoy contando su historia).

En unos pocos minutos, casi instantáneamente, su hija, que había estado acostada y no tenía ánimo para levantarse y que también había dejado de hablar en oraciones completas, solo sí y no, y un poco más, entró a la habitación donde estaba su madre y le dijo: «Mamá, ¿por qué estás llorando? ¿Estás triste? ¿No va a venir tu hermano a vernos? ¡Deberíamos ir a la tienda de comestibles y comprar lo que necesitamos para prepararnos para su llegada!». Entonces, nuevamente, la madre me dijo: «He recuperado a mi hija».

A la mañana siguiente, conocí a la hija. Después de eso recibí un informe de aproximadamente una pulgada de espesor atestiguando su esquizofrenia. Y ahora, cuando han pasado meses, no muestra ningún signo de la enfermedad.

ST. LOUIS, ESTADOS UNIDOS: SANADO DE UN TRASTORNO BIPOLAR

Cuando comencé la iglesia Vineyard Christian Fellowship, en St. Louis, nos reuníamos en nuestra casa. Durante los primeros meses, con menos de diez personas comprometidas con nosotros, experimenté mi primer encuentro con la enfermedad mental. Un joven vino a casa y me preguntó si podía orar por él. Lo llamaremos Mac.

Mac estaba comprometido para casarse, pero le preocupaba su batalla con el trastorno bipolar. Había estado casado antes, pero se había divorciado debido a su batalla con la enfermedad. Desde hacía varios años, tenía que internarse por una o dos semanas en la unidad para enfermos mentales de un hospital a pesar de estar tomando medicamentos. En las crisis que le sobrevenían se volvía delirante y, en los peores episodios, hacía cosas embarazosas como desnudarse y correr desnudo por la calle. En una ocasión incluso había ido a la Universidad Oral Roberts y en medio de una reunión, con mucha gente presente, llamó a Oral Roberts falso profeta. Cuando estaba en su sano juicio, Mac no creía eso, pero en esta crisis lo gritó, por lo que fue necesario sacarlo del auditorio.

Llevé a Mac al dormitorio para tener un lugar más privado para orar con él. Lo senté en la cama, me senté a su lado, coloqué mis manos sobre su cabeza en el área de su sien y suavemente comencé a orar. Ordené a su cerebro que recuperara la normalidad para que los químicos en el cerebro se equilibraran perfectamente. Oré en contra de estos ataques y bendije su cerebro con paz. Oré en contra de los episodios delirantes y a favor de una salud mental sana.

Mac me dijo que sintió paz mientras oraba y algo de calor en su cabeza. No volvió a tener otra crisis. Había estado pasando al menos una o dos semanas por año en la unidad de enfermos mentales del hospital, pero después de esta oración nunca tuvo que volver a ser hospitalizado por un trastorno bipolar. Continuó tomando su medicamento, pero ha ido reduciendo la dosis.

Mac me dijo después que mi oración había sido una oración muy diferente. No le había gritado ni a él ni a su enfermedad. No me había vuelto dramático ni emocional. No le había dicho que tenía que tener fe para que se sanara. No le había dicho que su enfermedad y la razón por la que no había sido sanado era a causa de algún pecado secreto en su vida que necesitaba descubrir y confesar. Simplemente oré silenciosamente, ordenando a la enfermedad que cambiara, cambiando la química del cerebro.

Oré por Mac en 1986 y, como dije, no ha tenido que ser hospitalizado desde entonces.

Él y su novia se casaron y tuvieron varios hijos. Poco después de que naciera su primer hijo, Mac descubrió que su esposa tenía cáncer de mama y tuvo que someterse a una mastectomía. Esta fue una situación tan estresante para Mac que pensó que era mejor ir al hospital para controlarse, pero después de un día se dio cuenta de que incluso bajo tanta presión no había tenido una crisis, así es que él mismo se dio de alta. Como esta no era una situación en la que, debido a un episodio bipolar, un médico lo hubiese mandado al hospital, su estadía fue de menos de veinticuatro horas y regresó a su casa.

Mac y su esposa se convirtieron en los líderes de un grupo especializado en mi iglesia para atender a los que padecían de algún tipo de enfermedad mental. Dirigieron el grupo fielmente durante años.

SPOKANE, WASHINGTON, ESTADOS UNIDOS: SANADA DE UN TRAUMA SEVERO POR EL GOZO DEL SEÑOR

El pastor D. pastoreaba una iglesia en el área de Spokane, Washington. Su hija había sido violada, a raíz de lo cual se le había creado un trauma severo. Habían gastado miles de dólares en ayuda profesional, para conseguir apenas una leve mejoría. Durante un servicio, la joven fue tocada por el poder de Dios. No era que estuviera buscando que se orara por ella para sanidad; simplemente, el Espíritu Santo vino a su vida. Entonces, comenzó a inclinarse doblando la cintura y moviendo su cabeza en dirección al piso; mientras hacía estos movimientos, se reía. Después de unos veinte minutos de este comportamiento extraño, todo terminó. Había sido sanada de su enfermedad emocional y psicológica.

TORONTO, CANADÁ: SANADA DE DEPRESIÓN

El 20 de enero de 1994, Carole Baerg fue la primera persona sanada en mis reuniones la primera noche del estallido de la presencia de Dios en la iglesia La Viña, de Toronto. Una serie de reuniones que duraron doce años y medio, seis noches a la semana, en la misma iglesia llegó a conocerse como la Bendición de Toronto. Aquella noche, ni siquiera estaba orando para que Carole se sanara. Simplemente había ido hacia ella y la había bendecido. Al momento de bendecirla, se deslizó de su asiento hacia el piso y comenzó a reírse. Me alejé y mientras lo hacía me pareció oír: *«Vuelve y dile que ha estado triste por mucho tiempo»*. Seguí la impresión que tuve, así que volví y puse mi mano como una jarra con el pulgar como el pico, la coloqué por encima de su cabeza y boca y le dije: «Dios dice que has estado triste demasiado tiempo. Toma otro trago». Su risa, entonces, se hizo aún más ruidosa y duró por bastante tiempo esa noche.

Unas dos semanas más tarde, se le pidió que diera su testimonio en una conferencia de mujeres, pero tan pronto como intentó hablar, fue sobrecogida por el poder del Espíritu Santo. Otras personas que estaban allí fueron alcanzadas por el poder de Dios.

Al año siguiente, Carole viajó a Bélgica, y una madre se le acercó con una hija que estaba embarazada de casi nueve meses, pero el bebé estaba muerto y se le había dicho que tendría que esperar una semana para expulsar el cuerpo. Carole oró por ella.

Tres años más tarde, regresó a Bélgica. Un niño pequeño corrió hacia ella, manifestándosele como el «bebé milagroso» por el que había orado.

Hace dos años, Carole tenía sesenta y cuatro años, y viajaba regularmente por Europa y el resto del mundo. En una ocasión me dijo: «Veinte años atrás, estaba lista para morir, pero ahora estoy más llena de vida que nunca».[6]

VIENNA, ILLINOIS, ESTADOS UNIDOS: NIÑA DE DIEZ AÑOS SANADA DE ENFERMEDAD DE LOS RIÑONES

Durante un seminario de sanidad que tuve en una iglesia presbiteriana en Vienna, Illinois, unas semanas después de que mi esposa y yo recibiéramos una impartición y comenzáramos a experimentar los dones del Espíritu Santo, mi esposa, DeAnne, tuvo una palabra de conocimiento increíble. Pronunció la palabra «riñón». Entre las personas que asistían al seminario había una niña de diez años que padecía de una rara enfermedad renal. Oramos por ella, y Dios la sanó. Sabemos que fue sanada porque a la semana siguiente sus padres la trajeron a la reunión, tras haber sido examinada por su médico, quien informó que la enfermedad renal había desaparecido.

En nuestro camino a casa aquella noche, le pregunté a DeAnne:

—¿Cómo se te ocurrió pronunciar esa palabra? ¿Lo sentiste, lo pensaste, lo viste, lo leíste o simplemente lo dijiste?

En aquel tiempo, esas eran las únicas formas en que sabíamos que podíamos recibir una palabra de conocimiento; ahora conocemos dos más:

experimentarla a través de una experiencia inusual por la cual Dios te da la interpretación, y soñarla.

—Lo vi —DeAnne me dijo.

Su respuesta me intrigó, así que le respondí:

—DeAnne, te conozco. Tú no tienes ningún conocimiento de la anatomía humana. ¿Cómo supiste que lo que viste fue un riñón?

—Cuando lo vi, no sabía que era un riñón, así es que dije: "Dios, ¿qué es eso?". Y Él me respondió: "un riñón".

ILLINOIS, ESTADOS UNIDOS: UNA PALABRA DE CONOCIMIENTO DE UNA VISIÓN ABIERTA SALVA A NIÑO DE LA MUERTE

Unos seis meses después de la visita a nuestra iglesia bautista, mi pastor asociado, Tom Simpson, un minero del carbón, había dejado la iglesia bautista para ayudarme a establecer la primera iglesia La Viña en Illinois, una de las primeras al este de Denver. Durante el servicio del domingo por la mañana, Tom tuvo una visión abierta. (Una visión abierta es una de las siete formas en que puede ocurrir una palabra de conocimiento. En ella, el campo de visión se refleja en la visión que Dios está dando. No es una imagen mental, como soñar despierto).

Tom no supo cómo interpretar la visión que vio, por lo que no dio la palabra durante el servicio de adoración. Esa tarde, tuvo exactamente la misma visión mientras visitaba a sus familiares. Y por tercera vez, durante el servicio nocturno, cuando estaba dirigiendo el servicio. Esta vez vino a mí bastante conmovido y me contó la visión.

Tres veces había visto a un niño, de unos doce años, completamente desnudo. Sus músculos en el lado izquierdo de su cuerpo se veían atrofiados, y mientras Tom seguía teniendo al niño en la visión, los músculos en su lado derecho también comenzaron a atrofiarse. Como estábamos comenzando una nueva iglesia, Tom se preguntó si la imagen no sería una metáfora representando a la nueva iglesia que estábamos comenzando y, si era así, la visión podría estar sugiriendo que se marchitaría hasta morir. Me dijo: «No sé cómo interpretar lo que he visto, pero lo he visto tres veces». Así que me dirigí a la congregación y pregunté: «¿Tiene sentido para alguien esta visión?».

Una señora, miembro de otra iglesia que nos estaba visitando esa noche y a quien llamaré Helen se puso de pie y me dijo que ella entendía la visión: «Hay un niño de unos doce años que asiste a mi iglesia. Él tiene una enfermedad rara que le está atrofiando los músculos. Los de su lado izquierdo ya se han atrofiado y los médicos dicen que la enfermedad pasará a su lado derecho. Se trata de una enfermedad terminal».

Y continuó diciendo: «Sin embargo, su madre no cree en ustedes; cree que ustedes son una secta. No creo que querría traerlo, aunque sí cree en el poder de la oración. La conozco bien. Creo que deberíamos llamarla».

Interrumpí el servicio. Y entonces Tom, Helen, dos o tres más y yo nos dispusimos a llamarla. Cuando la contactamos, Helen le explicó lo que estaba sucediendo. Le dijimos que íbamos a orar por teléfono por su hijo, de nombre Ryan. Helen le dijo que pusiera sus manos sobre Ryan y que se uniera a nosotros en la oración.

Ryan tenía una cita para el día siguiente en el Shriners Hospital de San Louis, donde volverían a examinarlo. Cuando el doctor lo examinó les dijo que la rara enfermedad había desaparecido, que su lado derecho no había sido afectado y que su lado izquierdo estaba recuperando la fuerza muscular. Ryan había recibido una sanidad realmente milagrosa.

UBERLÂNDIA, BRASIL: UNA PALABRA DE CONOCIMIENTO TRAE SANIDAD

Estuve en Uberlândia, Brasil, ministrando en una iglesia de varios miles de miembros. Una noche tuve un sueño, y a la mañana siguiente, mientras ministraba sanidad, lo recordé. No estaba seguro de que fuera una palabra de conocimiento real, así que postergué mencionarla hasta el final de la reunión. Entonces dije: «Anoche tuve un sueño en el que veía dos manos.

Ni brazos ni cuerpo, solo dos manos. En las palmas, cerca de los pulgares, sobresalía algo de una pulgada o dos, y tenía alrededor de tres de ancho».

Inmediatamente, un hombre en la última fila saltó y vino al frente. Mantenía sus manos abiertas por lo que pude ver que en las palmas tenía unas cicatrices impresionantes. Se acercó a mí, puso sus manos en las mías, y antes de que yo pudiera decir: «Ven, Espíritu Santo», ya había sanado. Me dijo que sabía que iba a recibir la sanidad porque lo que yo había descrito era exactamente lo que le había sucedido. En un extraño accidente que le había cortado arterias y nervios, una astilla de madera se le había incrustado en una de sus manos. Era lo que yo había visto que sobresalía una o dos pulgadas. A raíz del accidente su mano había quedado paralizada, inutilizada, pero aquella noche recibió la sanidad en forma instantánea.

SINGAPUR: A OSCAR SE LE PROLONGA LA VIDA

Era uno de los oradores en una reunión en Singapur a la que asistían de entre ocho y diez mil personas. Los otros dos oradores principales eran Bill Johnson y Heidi Baker. Después de un servicio, debido a los efectos por el cambio de horario, me desperté alrededor de las tres de la mañana y no pude volver a dormirme. Acostado en la cama del hotel, le pedí al Señor que me diera palabras de conocimiento y, especialmente, que me diera algún nombre. Durante los siguientes minutos oí dos o tres nombres de personas, junto con varios nombres de lugares y cinco o seis referencias a condiciones físicas. Los escribí en una libretita de papel rosa, parecida a esas que se adhieren.

Al día siguiente, durante el tiempo de ministración, pedí al equipo ministerial de Despertamiento Global que se había unido a nosotros desde muchos países para este viaje, que comenzaran a dar palabras de conocimiento. Una de las palabras de conocimiento fue «problemas para tragar». Unos minutos más tarde, dos jóvenes fueron llevadas al escenario. Se veían bastante eufóricas. Nos dijeron que cuando oyeron las palabras «problemas para tragar», llamaron a una señora budista cuyo hijo de dos años y medio no podía tragar. No tenía reflejos de deglución por lo que habían tenido que alimentarlo durante toda su vida mediante un tubo. Las jóvenes habían orado por el niño, y se había sanado.

Mientras estaban contando la historia en chino, escuché el nombre de Oscar. Cuando contaron la historia en inglés y volví a escuchar el nombre Oscar, me sentí conmovido, pues había mirado el papel donde había hecho anotaciones en la madrugada anterior y encontré el nombre de Oscar. También había escrito «problemas para tragar». Sin embargo, no se me ocurrió que ambos casos se refirieran a la misma persona. Cuando les mostré a las jóvenes el papel donde había escrito el nombre de Oscar, comenzaron a brincar en la plataforma mientras me abrazaban gritando llenas de emoción.[7]

Al año siguiente, volví a Singapur para ministrar. Esta vez, durante la invitación para aceptar a Cristo como Salvador, la madre y el padre de Oscar aceptaron a Jesús renunciando, por consiguiente, a su fe budista.

•   •   •

Isaías 53.5 nos dice que «gracias a sus heridas [de Jesús], somos sanados». Esa no era una palabra para ese tiempo y lugar solamente. La Palabra de Dios es tan verdadera hoy como lo fue cuando el profeta las escribió. La sanidad es para mí, y es para ti, hoy.

CAPÍTULO 4

LOS SORDOS OYEN

«Los oídos para oír y los ojos para ver: ¡hermosa pareja que el Señor ha creado!», leemos en Proverbios 20.12. Para mí, esta es una prueba determinante de que la intención de Dios es y siempre ha sido que cada persona pueda escuchar. Además, fue parte de la forma en que Jesús entendió la comisión del Padre (Lucas 4.18). Jesús les dijo a sus discípulos: «Como el Padre me envió a mí, así los envío yo a ustedes» (Juan 20.21). Y nuevamente, en la Gran Comisión de Mateo 28.18-20, a los nuevos discípulos bautizados se les debe enseñar a obedecer todo lo que Jesús les había enseñado a sus discípulos. No hay nadie que el Señor quiera que permanezca sordo, no importa qué teología le hayan enseñado.

Este capítulo se centra en la sanidad de los sordos. En mis años de ministerio, he visto a muchos cuyos oídos una vez estuvieron cerrados, pero fueron abiertos. Estas son solo algunas de las muchas historias.

ODESA, UCRANIA: UN MILAGRO CREATIVO

Una de las noches más memorables que he experimentado ocurrió en Odesa, Ucrania. Estaba orando por un niño de doce a catorce años que era sordo de un oído. Le ordené a su oído que se abriera, para que oyera. Cuando volví a entrevistarlo, supe que había sido sanado la primera vez que oré por él.

La madre estaba emocionada con la sanidad de su hijo. Incluso me reprendió por no estar yo lo suficientemente entusiasmado; así es que le dije:

—*Estoy* emocionado, señora. Estoy feliz por su hijo, pero antes he sido testigo de otras sanidades como la de su hijo. Esta no es la primera vez que veo a una persona sorda sanarse.

Entonces la señora me respondió:

—¿Alguna vez ha visto a alguien sanar de su sordera por no tener su nervio auditivo?

Me sorprendió con su pregunta y entonces me di cuenta de que acababa de suceder un milagro creativo. Me uní entonces a la madre en una celebración exuberante. Más tarde, le pregunté cómo sabía que su hijo no tenía el nervio auditivo.

—Lo llevamos a un especialista en Odesa, y luego a otro en Venecia, Italia —me dijo—. Ambos doctores confirmaron que su nervio auditivo estaba destruido, que sencillamente no tenía nervio auditivo.

MANAOS, BRASIL. OCHO PERSONAS SON SANADAS POR UNA LLUVIA DEL CIELO

En septiembre de 2001 estábamos en Brasil, en una mega iglesia. Ya me he referido antes a esta iglesia en Manaos, en plena selva tropical. En el equipo ministerial de Global International teníamos un grupo más bien pequeño, de entre treinta y cuarenta personas. (Esto fue cuando recién comenzaba a aprender sobre el reino angelical y su papel en el ministerio de sanidad).

Me encontraba predicando. Durante el sermón dije algo así como: «Dios, deja que el río de Ezequiel 47 y Apocalipsis 21 corra por este lugar, y a quien sea que toque, lo sane». Segundos después de decir estas palabras, se oyó un trueno y comenzó a llover. Era la estación seca, cuando usualmente no llueve durante semanas. El edificio en el que estábamos solo tenía de concreto el piso, los pilares y los baños; además del techo completo. No había paredes ni alcantarillas. A mi izquierda había unas cuarenta personas en la sección de sordos, ubicadas junto a lo que habría sido una pared, si hubiese habido una.

El viento y la lluvia soplaron con fuerza donde estaban los sordos. En solo unos minutos, oímos a la gente gritar. Había una emoción extraordinaria. ¿Qué había pasado? Ocho de las personas sordas habían sanado al caer sobre ellas la lluvia y el viento. Estaban empapadas. Fue una cosa de Dios. Nadie había estado orando por ellas. La lluvia era como la niebla que es posible ver en un parque temático durante un día caluroso para refrescarse. Se la podía ver flotando en el auditorio de diez mil asientos. Luego, cuando comenzó a caer sobre la gente, se produjeron más sanidades.

Me acerqué a mi amigo pastor, Tom Hauser, quien había sido profundamente conmovido en otra ocasión en Brasil y había recibido su propia poderosa impartición, y le dije: «Tom, he perdido el control de la reunión; Dios se ha hecho cargo». En poco tiempo tuvimos a ocho personas sordas en la plataforma. Podían escuchar y nos trataban de decir lo que estaban escuchando, de qué lado venían los sonidos y hasta los aplausos. Aunque no podían hablar, pues nunca habían escuchado palabras. Estaban tratando de aprender a hablar. Fue aquella una de las noches más increíbles de mi vida.

En otra ocasión, en esta misma iglesia, Gary vio a un ángel mientras enseñaba, y cayó al piso por el poder del Espíritu. Le pedí entonces a su esposa que subiera a la plataforma para que tomara el lugar de su marido. Ella comenzó a profetizar al viento que soplaba en el edificio, que ahora tenía paredes. El viento comenzó a soplar con una fuerza extraordinaria sobre las últimas filas de sillas y contra una gran puerta en el escenario. La gente salió corriendo y descubrió que afuera del edificio no soplaba viento alguno. Las sanidades que se produjeron durante ese tiempo fueron numerosas.

En el mismo viaje, Gary me dijo que esa noche había visto entre la multitud a «ángeles guerreros» que estaban despejando el cielo de presencias demoníacas. Más tarde, me dijo que mientras yo estaba ministrando, había visto a cientos de ángeles sanadores ubicados a mi derecha. Yo dije que estaban a punto de producirse muchas sanidades en el lado derecho del edificio, pero no dije nada sobre los ángeles. Esa noche, casi diez mil personas recibieron sanidad. Esta fue de lejos la mayor sanidad colectiva, y fue la única noche, de las ocho que duró la cruzada, en la que hubo actividad angelical.

MANAOS, BRASIL: OCHO DÍAS, UNA IGLESIA, SESENTA SORDOS SANADOS

La próxima vez que fuimos a esta misma iglesia, hubo sesenta personas sordas sanadas durante una semana. Este fue el mismo servicio en el cual el joven policía que había recibido un disparo en el estómago comprometiéndole la médula espinal fue sanado, abandonó su silla de ruedas y se fue caminando.[1] Además, hubo diez personas con tumores que se les disolvieron. También hubo quince personas ciegas sanadas.

UBERLÂNDIA, BRASIL: PAREJA DE SORDOS RECUPERAN LA CAPACIDAD DE OÍR Y EMPIEZAN A HABLAR CON SEÑAS PARA LA COMUNIDAD DE SORDOS

Desde el norte de Brasil fuimos al sur, a Uberlândia, para ministrar en otra iglesia donde nuestros equipos habían visto muchos milagros y cientos de sanidades. Fuimos testigos de muchas sanidades de personas sordas. Aquí, como ocurrió en Mozambique, un equipo de científicos investigó la veracidad de las sanidades, tanto de sordera total como parcial. Disponían de equipos especializados que habían costado miles de dólares gracias a una subvención para investigación de la Fundación John Templeton.[2]

El tiempo no nos alcanzaría para referirnos a todos los casos de personas sordas sanadas en esta iglesia o al número de oídos recuperados. Hay personas que son sordas solo de un oído, por lo que técnicamente no pueden calificarse de sordas. Sin embargo, quiero contar la historia de una pareja que integraba la gran comunidad de sordos de esta iglesia cuya membresía ascendía a miles.

En este viaje del Ministerio Internacional del Despertamiento Global, había tres jóvenes pasantes a los que yo estaba asesorando: Timothy Berry, Chris Ishak y Annie Byrne. Timothy, de unos veinte años, estaba orando por el esposo en este matrimonio de sordos. Cuando era más joven, el hombre había tenido la capacidad de oír, pero en el momento en que Timothy oraba por él, no podía oír absolutamente nada. Como había escuchado cuando era más joven, podía entender lo que se decía. Dios lo sanó esa noche.

El próximo día, ya con su capacidad de oír recuperada, se dispuso a servir a los que aún permanecían sin oír. Al año siguiente, cuando regresamos a esta iglesia, oramos por su esposa y también fue sanada. (Sin embargo, como nunca había podido oír, tuvo que aprender a hablar).

REDDING, CALIFORNIA, ESTADOS UNIDOS: TÍMPANO Y HUESOS DEL OÍDO HECHOS NUEVOS

No quiero dejar la idea de que solo en países lejanos vemos sanidades, incluida la recuperación del sentido del oído. También ocurre en Estados Unidos. Una de las sanidades más recientes de oídos ocurrió en la iglesia Bethel de Redding, California, donde se estaba celebrando una conferencia para sanidad. En el caso de una señora, la enfermedad no solo había destruido el tímpano, sino también todos los huesos de su oído izquierdo. Un día, en esa conferencia, su capacidad de oír le fue restaurada. Yo no supe de las circunstancias que rodearon el hecho ni quién había orado por ella. Al dar su testimonio, esto fue lo que dijo:

> Mi oído había sido atacado por el colesteatoma, una enfermedad que destruyó los huesos del oído y el tímpano de mi oído izquierdo. Solo podía escuchar ruidos muy fuertes, pero no podía escuchar el televisor ni hablar por teléfono. Este fin de semana, eso cambió, y creo que puedo

oír perfectamente. Puedo escuchar pequeños ruidos, como frotar mis dedos junto al oído. Sin duda, es un cambio total.

RALEIGH, CAROLINA DEL NORTE, ESTADOS UNIDOS: SANADA POR UNA NUBE DE GLORIA

Hace unos quince años, llevé a cuatro jóvenes pasantes conmigo a Raleigh, Carolina del Norte. En medio de la predicación, cuando estaba contando sobre las manifestaciones que habían ocurrido en Brasil, una señora se puso de pie y gritó: «¿Lo ven?». Inmediatamente vi cómo la gente ponía cara de asombro. Tres de mis pasantes, Will Hart, Jamie Galloway y Brandon Sundberg, que estaban sentados en la primera fila mirando hacia la plataforma, cayeron al piso, boca abajo.

Yo estaba en la plataforma. Los focos que iluminaban el lugar me impedían ver lo que otros estaban viendo; así que bajé al nivel del piso y entonces vi una nube translúcida como las olas de calor que surgen en los campos en un día caluroso de verano. Dentro de la nube, que comenzaba en el techo y bajaba hasta el nivel de mis rodillas, y que mediría cerca de un metro de diámetro, había pequeñas partículas plateadas, doradas, rojas, azules y verdes que giraban como una vía láctea multinivel. Algunas parecían iluminarse. Traté de tocarlas, pero se alejaban de mis dedos cada vez que lo intentaba.

Mientras estaba envuelto en la nube, sentí una paz sublime; una sensación de *todo está bien*. No recuerdo cuánto tiempo estuve en medio de la nube, pero salí para seguir con el servicio. Volvimos a la adoración y luego oramos por sanidad. Hubo dos veces más personas sanas en el lado del edificio donde la nube se estaba manifestando. La gente comenzó a acercarse a donde estaba la nube.

Entonces un anciano, veterano de la Guerra de Corea le habló al pastor. Y le dijo: «¡Pastor John, puedo escuchar! No había podido escuchar nada desde la Guerra de Corea, por eso a menudo me he quedado dormido durante sus sermones». Él había estado sentado justo frente a la nube. Nadie había orado por él. Había sido sanado soberanamente por su proximidad a la nube.

La nube permaneció ahí durante la adoración, la oración por los enfermos y la continuación del sermón. Estuvo allí por aproximadamente dos horas, y luego se disipó.

Más tarde, el pastor me dijo que, durante los siguientes diez años, la nube había aparecido otras dos veces en el santuario.

• • •

Hasta ahora hemos visto que hoy, como siempre, Dios sana a los enfermos, a los cojos, a los ciegos, a los sordos. Pero ¿resucitará a los muertos? ¿O eso fue un milagro restringido solo al tiempo de Jesús, y reservado para personas como Lázaro, la hija de Jairo y Dorcas? Vamos a averiguarlo.

CAPÍTULO 5

LOS MUERTOS RESUCITAN

En el Nuevo Testamento, se nos dice que Jesús resucitó a la hija de Jairo. Y a Lázaro. Y Juan nos dice que si todo lo que Jesús hizo se hubiera escrito, todos los libros del mundo no podrían contener las historias. Obviamente, esto es una hipérbole, usada para enfatizar que solo una pequeña fracción de todas las sanidades y milagros que Jesús hizo han quedado registrados en los Evangelios. En el libro de los Hechos, se nos dice que Pedro resucitó a Dorcas, y Pablo, al joven que se cayó de la ventana. Pero las resurrecciones tienen lugar también hoy, en este día y edad, y en la historia de la iglesia hay muchos testimonios de personas resucitadas. Quiero compartir algunas de las historias de muertos resucitados. Gracias a estos milagros, provincias enteras han llegado a Cristo.

HISTORIAS DE ALREDEDOR DEL MUNDO

En el primer capítulo de su libro *Mega Shift,* publicado por Empowerment House en 2005, James Rutz comparte varias historias de personas resucitadas. La primera se refiere a un monje budista de cuarenta años de Myanmar, llamado Athet Pyan Shintaw Paulu. En 1998, este monje estuvo muerto durante tres días, y en su funeral, justo antes de ser incinerado, se sentó en el ataúd donde lo llevaban y ante cientos de personas, gritó:

¡Todo es una mentira! Vi a nuestros antepasados quemándose y siendo torturados en algún tipo de fuego. También vi a Buda y a muchos otros hombres santos budistas. ¡Todos estaban en un mar de fuego!... Debemos escuchar a los cristianos. Ellos son los únicos que conocen la verdad.

Este monje budista nunca había leído una Biblia ni había oído hablar del infierno. Su experiencia fue un *shock* traumático. También vio a personajes bíblicos, como Goliat, a quien describió como un hombre de más de dos metros de estatura con armadura militar y una herida en la frente.

El testimonio de Paulu se escucha hoy en una grabación ampliamente difundida. En Myanmar es un delito grave tener una copia de esa cinta.[1]

Otro caso registrado en *Mega Shift* proviene de Seúl, Corea del Sur, donde en 1974, el hijo de cinco años del pastor David Yonggi Cho murió por comer alimentos contaminados. Cuando se empezó a sentir mal, llamaron al pastor, quien se encontraba en una reunión de ancianos. Pese a orar durante horas por su hijo, vieron que la vida del niño se iba apagando lentamente hasta que murió. Pero Yonggi Cho no se dio por vencido aun después de ver el cuerpo de su hijo ponerse rígido y frío. Le dijo al Señor que no abandonaría la habitación hasta que le devolviera a su hijo.[2]

Después de orar y alabar hasta después de la medianoche, gritó el nombre de su hijo, diciendo: «¡Samuel, en el nombre de Jesucristo de Nazaret, levántate y anda!». ¡Su hijo se puso en pie de un salto!

Más tarde, le contó a su padre lo que había visto y experimentado en el cielo. Dijo haber visto a Jesús y a miembros de la iglesia de Cho que habían muerto. Y que Jesús le dijo que no podía retenerlo porque su padre no lo dejaría.[3]

• • •

En 1998, en la aldea de Chiconamiel, México, se produjo una epidemia de sarampión negro que mató a unas cuarenta personas. Una viuda, que se había convertido recientemente a la fe cristiana, perdió a sus dos hijas adolescentes. Como no había personas vivas que la ayudaran, ella misma tuvo que llevar sus cuerpos al cementerio. Allí se encontró con que había delante de ella veintiún personas más a las que era necesario sepultar con solo dos sepultureros trabajando. A causa del calor, la madre roció polvo de lima en los cuerpos de las chicas como desinfectante y se fue de regreso a casa. Le llevó ocho horas llegar a la casa de sus contactos cristianos, a donde había ido a pedir que oraran por ella.

Como era de noche, sus hermanos en la fe esperaron hasta la mañana siguiente para dirigirse al pueblo. Cuando llegaron al cementerio, se hacía de nuevo de noche. Vieron que la fila de cuerpos por sepultar se había acortado; entonces rodearon los cuerpos de las muchachas, orando en la autoridad del Señor Jesucristo. Las llamaron por sus nombres y ambas se sentaron.[4]

• • •

El siguiente relato es algo más largo, y los eventos tuvieron lugar en Onitsha, Nigeria, a partir del jueves 29 de noviembre del año 2001. Ese día, el pastor Daniel Ekechukwu y su esposa, Nneka, tuvieron un altercado que degeneró en una discusión que terminó cuando ella le asestó a él una bofetada en el rostro. El pastor salió de su casa tan ofendido que no pensó en buscar la reconciliación al día siguiente, sino en qué forma pondría a su esposa en su lugar.

Pero ese día, viernes 30, no llegaría a su casa.

Mientras la noche del día 29 conducía su Mercedes 230E de veinte años de antigüedad, los frenos le fallaron al auto cuando ascendía una colina muy pronunciada estrellándose contra una columna de concreto. No llevaba puesto el cinturón de seguridad (pocos nigerianos lo usaban en ese tiempo, aunque eso cambió en 2003, cuando usar el cinturón de seguridad se convirtió en ley nacional). La brusca detención del vehículo hizo que el tórax se estrellara violentamente contra el volante y le provocó, aparentemente, serios daños en sus órganos internos. Comenzó a vomitar sangre y empezó a respirar con dificultad. Pronto perdería todos los signos vitales, pero él no lo sabía.

Daniel quiso salir del automóvil, pero no pudo hacerlo por sus propios medios. La gente que se había reunido al ver el accidente lo ayudó. Uno de los espectadores ofreció llevarlo en su propio automóvil al Hospital St. Charles Borromeo, no muy lejos, en las afueras de Onitsha.

Ya en el hospital, un médico comenzó a administrarle tratamiento de emergencia, pero Daniel se dio cuenta de que su cuerpo no estaba respondiendo al tratamiento; así que comenzó a hacer la oración de un hombre que sabe que va a morir, pidiéndole a Dios que lo perdonara por todos sus pecados para estar listo cuando compareciera ante el Señor. Envió a traer a su esposa, Nneka, con quien no había cruzado palabra al salir de su casa temprano ese día. Al saber del accidente, Nneka se desmayó, pero cuando recobró el conocimiento, un vecino cristiano la llevó al hospital. Una amiga de Daniel (a quien entrevisté largamente) la acompañó y, al no dejarlos solos, fue testigo ocular de todo lo que sucedió durante los siguientes tres días.

Al ver a su esposo en el estado en que se encontraba, Nneka rompió en llanto. Entre sollozos, le rogó que no se muriera, que no la dejara sola. Pero los médicos le informaron que no había nada que pudiera hacerse para salvarle la vida. Daniel entonces pidió que lo llevaran al Hospital Umezuruike en Owerri, donde trabajaba su médico personal. El hospital Umezuruike estaba a ochenta kilómetros de distancia. Nneka hizo los arreglos para conseguir que el traslado se hiciera en la ambulancia del hospital y, contrariando las opiniones de los médicos, lo sacó del hospital St. Charles Borromeo y emprendió el viaje. En el trayecto, su esposo murió.

Daniel iba acostado en la parte trasera de la ambulancia mientras su esposa ocupaba el asiento del pasajero. Cuando Daniel empezó a sentir que no iba a sobrevivir, llamó a su esposa. Se despidió de ella, le dio instrucciones sobre ciertos documentos personales y de la iglesia, y le pidió que cuidara de sus hijos y de la iglesia. Nneka rompió a llorar y en medio de sus lágrimas, lo reprendió con dureza por su falta de fe. «¡Eres un hombre de Dios», le dijo, «y deberías tener fe y no estar hablando de morir!».

Mientras ella le hablaba, Daniel vio dos ángeles. Parecían tan grandes que más tarde se preguntaba cómo habrían cabido dentro del espacio tan restringido de la ambulancia. Eran completamente blancos, incluso las pupilas de sus ojos eran blancas. Cuando Daniel intentó hablarles, uno de ellos se llevó el dedo a los labios, indicándole silencio. Luego lo levantaron desde ambos lados, y entonces Daniel se dio cuenta de que ahora había dos Daniel. Los ángeles sostenían al Daniel espiritual por debajo de los brazos, y estaba completamente sano. El Daniel accidentado yacía abajo, en la camilla de la ambulancia. Una vez que salieron de la ambulancia, Daniel perdió todo contacto con el mundo natural.

Cuando la ambulancia llegó al Hospital de Umezuruike con el cuerpo de Daniel, ya era tarde por la noche y el médico de Daniel no estaba allí. Un miembro del personal médico examinó el cuerpo y le dijo a Nneka que su esposo había muerto y que no se podía hacer nada. Nneka se negó a creer el mal informe.

Llevaron entonces el cuerpo de Daniel hasta el Centro Médico Federal en Owerri, pero tampoco encontraron allí un médico. De allí se trasladaron hasta la Clínica Eunice, donde el doctor Jossy Anuebunwa confirmó la muerte. No había respiración, latido ni pulso, y las pupilas estaban dilatadas y sin movimiento alguno. El doctor dijo lo mismo que ya Nneka había oído más de una vez: no hay nada que se pueda hacer. A las once y treinta de la noche del 30 de noviembre de 2001 se emitió un certificado de defunción.

Luego condujeron el cadáver a la casa del padre de Daniel en un pueblo cercano. Como era de esperar, el padre y otros miembros de la familia se sintieron desconsolados y lloraron con profunda pena. De ahí llevaron el cuerpo a la morgue del Hospital General de Ikeduru (ahora conocido como la morgue del Hospital Comunitario Inyishi) no muy lejos de allí. Era casi la una de la madrugada del sábado. El encargado de la morgue, de nombre Darlington Manu, recibió el cadáver y los miembros de la familia se retiraron.

La morgue no tenía instalaciones de almacenamiento en frío por lo que el señor Manu procedió a inyectarle sustancias químicas de preservación en los dedos y en los pies. En seguida se puso a trabajar para embalsamar el cuerpo, cortando la parte interna del muslo con el fin de insertar un tubo por el cual pudiera inyectar más fluido preservante. Mientras lo hacía, sintió una conmoción tan fuerte que lo obligó a separarse del cadáver. Esto no lo sorprendió, pues ya había experimentado fuerzas similares que atribuía a poderes ocultos. (Tales creencias son muy *comunes* en África y muy respetadas por todos los pastores africanos que conozco. Los africanos no pueden entender el escepticismo con que nosotros, en esta parte del mundo, tratamos lo oculto).

Cuando quiso seguir trabajando, recibió una segunda conmoción tan fuerte que le llegó a paralizar el brazo derecho. Entonces se dijo que esa persona debía de haber pertenecido a una poderosa sociedad secreta. Supuso, sin embargo, que después de algunos sacrificios y encantamientos, los poderes en el cadáver se calmarían y entonces podría completar su trabajo. (En aquel tiempo, el encargado de la morgue no era cristiano, pero se convirtió después de la resurrección de Daniel). Instruyó a un ayudante para que llevara el cuerpo a la parte trasera del depósito de cadáveres, donde ya había otros. (Daniel dijo que la gente podía sentir el olor de los productos químicos que salían de su cuerpo durante dos semanas después de su resurrección. Lo abrazaban y se tapaban la nariz).

Alrededor de las dos de la madrugada del sábado, el encargado de la morgue que vivía muy cerca del depósito de cadáveres se sorprendió al escuchar cantos de adoración provenientes del interior del depósito. Fue a averiguar de qué se trataba, pero al acercarse a la puerta del edificio, el canto se detuvo. Esto ocurrió dos veces. Cuando entró e inspeccionó el lugar, notó que del rostro del cuerpo de Daniel surgía una especie de luz. Esto acabó por ponerlo nervioso. Así que, por la mañana, localizó al padre de Daniel, le dijo lo que había ocurrido y le pidió que retirara el cuerpo de su hijo de la morgue.

Por la noche de ese mismo sábado, mientras dormía, Nneka tuvo un sueño en el que veía la cara de su esposo, y a este que le reclamaba por haberlo dejado en el depósito de cadáveres. Le dijo que no estaba muerto y que lo llevara a Onitsha, donde el evangelista alemán Reinhard Bonnke estaba predicando. Nneka se aprestó a hacerlo a pesar de que su familia pensó que estaba loca. Daniel había estado muerto por más de veintiocho horas.

La familia finalmente cedió, pero compró un ataúd y llevó ropa funeraria para que el encargado de la morgue vistiera a Daniel. Ya el cuerpo estaba en total rigidez cadavérica. El domingo 2 de diciembre se contrató una ambulancia y el ataúd que contenía el cuerpo de Daniel fue llevado a la Grace of God Mission [Misión de la Gracia de Dios], una importante iglesia en Onitsha, a una hora y media de distancia, donde el evangelista Reinhard Bonnke predicaba en un servicio vespertino de dedicación. Llegaron a la iglesia alrededor de la una de la tarde.

Los contornos de la iglesia estaban protegidos por un enjambre de guardias de seguridad federales, estatales y locales para velar por la seguridad del evangelista, quien había recibido numerosas amenazas de muerte y era odiado por los musulmanes de toda África. (Recuérdese que solo unas semanas antes, secuestradores musulmanes habían destruido las torres del World Trade Center). Temiendo que el ataúd donde iba el cuerpo de Daniel contuviera explosivos, impidieron que fuera llevado a los terrenos de la iglesia. Nneka les suplicó e incluso abrió el ataúd para mostrarles a su esposo muerto, lo que resultó en que se burlaran de ella e incluso la azotaran por su persistencia para que los dejaran entrar. Ante el disturbio que se produjo, intervino el pastor principal para que se le permitiera a Nneka llevar el cuerpo de su marido a la iglesia, pero sin el ataúd, y que lo dejara en el sótano, lo que se hizo finalmente, uniendo dos mesas de una sala de la escuela dominical.

Algunos creyentes se reunieron alrededor del cuerpo de Daniel y oraron. El evangelista Reinhard Bonnke, que no sabía nada del cadáver en el sótano, predicaba y oraba. De pronto, alguien notó que el cadáver de Daniel se contraía y empezaba a respirar, aunque en forma irregular. Para cuando esto ocurría, ya Reinhard Bonnke se había ido.

Los creyentes siguieron orando fervientemente, y debido a que el cuerpo de Daniel estaba rígido y frío, comenzaron a masajearle el cuello, los brazos y las piernas. Cuando los que estaban en el santuario se enteraron de que un muerto en el sótano había vuelto a la vida, el lugar se llenó de gente. De pronto, Daniel estornudó y se puso de pie de un salto. Esto ocurrió entre las tres y cincuenta y las cinco y quince de la tarde del domingo 2 de diciembre. Daniel había muerto la noche del viernes 30 de noviembre alrededor de las diez de la noche. En las horas que siguieron y en forma gradual, Daniel fue recuperando la coherencia.[5]

Es extremadamente alentador para nosotros que estas experiencias continúan aumentando en número al punto de que ahora hay cientos de casos entre los cuales podemos escoger para incluir en nuestros testimonios.

• • •

Otro caso incluido por James Rutz en su libro *Mega Shift* ocurrió en Ciudad de México. Una joven creyente de veinte años había muerto a raíz de un ataque masivo. Un grupo de creyentes se dispuso a orar por ella mientras, en otro cuarto, señoras del pueblo decoraban el cuerpo con flores.

En medio de la noche, uno de los hombres salió a hacer sus necesidades y se encontró con un hombre negro de gran tamaño, de aspecto siniestro y acompañado de un inmenso perro negro. En esa región no viven personas de esa etnicidad. El creyente se asustó (aunque no por cuestión racial), y corrió adentro en busca de ayuda. Otro de los creyentes salió y gritó: «¡En el nombre de Jesucristo, vete!». El perro salió corriendo y se internó entre los árboles, seguido de su amo. Un poco asombrados, los hombres volvieron al entrar al lugar donde yacía el cuerpo de la joven. La encontraron sentada, ocupada en sacudirse las flores que le habían puesto como adorno funerario. Entonces se dieron cuenta de que el hombre y su perro habían sido la personificación del espíritu de muerte.[6]

RESURRECCIONES EN ESTADOS UNIDOS

Una mujer llamada Nancy y su esposo me contaron cómo su nieto había vuelto a la vida. Era verano y la familia estaba de pícnic en un lago. El nieto se entretenía surcando las aguas en su moto acuática. A alta velocidad, colisionó con algo y murió en forma instantánea.

Nancy y su esposo corrieron en busca de un bote y se dirigieron al lugar del accidente. Esto les tomó varios minutos. Encontraron al nieto muerto, flotando en el agua. Lo subieron al bote y volvieron a la orilla. Un médico que estaba presente examinó al joven y confirmó que estaba muerto.

Nancy comenzó a orar por su nieto. Llamó al nieto por su nombre, ordenándole que volviera a la vida. Durante varios minutos le habló de la vida y le pidió a su espíritu que volviera a su cuerpo. Finalmente, sin signos de vida y tal vez quince o veinte minutos transcurridos desde el accidente, Nancy gritó: «Johnny, esta es tu abuela, y te ordeno que regreses a tu cuerpo».

Y, de repente, el joven volvió a la vida. Y a pesar de que había estado sin oxígeno muchos minutos después del accidente, no hubo daño cerebral alguno. El joven se graduó de la universidad este año.

FLORENCE, KENTUCKY: NIÑO DE CINCO AÑOS RESUCITA

Corría la década de 1990. El pastor Cleddie Keith, de las Asambleas de Dios, me había invitado a predicar en su iglesia de Florence, Kentucky. Mientras me preparaba para predicar el sermón «Una base bíblica para la sanidad» y repasaba los muchos pasajes bíblicos relacionados con el tema, llegué a Mateo 10.7, 8: «Dondequiera que vayan, prediquen este mensaje:

"El reino de los cielos está cerca." Sanen a los enfermos, resuciten a los muertos, limpien de su enfermedad a los que tienen lepra, expulsen a los demonios».

En un momento en que luchaba con este pasaje, el Espíritu Santo me habló y me dijo: «*No te gusta ese último versículo ¿verdad?*». Respondí: «No, Señor, no me gusta ese versículo. Estamos tratando de sanar a los enfermos, y tú nos estás diciendo que resucitemos a los muertos. Este versículo es una vergüenza para la iglesia».

Hasta entonces, solo sabía de dos historias de resurrección fuera de las que registra la Biblia. Hoy, en cambio, hay cientos de resurrecciones ocurriendo en todo el mundo. En aquellos años, como digo, yo solo sabía de dos casos. Todavía no había oído hablar de Heidi Baker, a quien tampoco conocía, ni de todas las resurrecciones que ocurrían a través de los pastores rurales de las iglesias Iris en Mozambique.

El Espíritu Santo, mediante una fuerte impresión, me habló nuevamente: «*No te atrevas a convertirte en un predicador que base su mensaje solo en lo que ha experimentado. ¡No te atrevas a bajar mi Palabra (la Biblia) al nivel de tu experiencia! Predica Mi Palabra y deja que tu experiencia se eleve a ella, ¡pero no la reduzcas al tamaño de la tuya!*».

Esa tarde, prediqué ese mensaje por primera vez, y cuando se trató de la resurrección, conté las dos historias que había escuchado de Omar Cabrera, padre, acerca de cómo resucitó a su hijo, y cómo levantó a la esposa de un amigo de los muertos. Esto es lo que le pasó a ella.

Omar con su esposa y otra pareja iban viajando a través de las montañas. Omar conducía cuando chocó con una roca que había caído a la carretera. El auto salió volando y fue a caer a un lago hundiéndose rápidamente. Él pudo salir y nadó para sacar a su esposa. Cuando salieron a la superficie para respirar, vieron a su amigo, que era uno de sus pastores, pero no vieron a su esposa. Ahora los dos hombres volvieron a sumergirse. Encontraron el auto y, en el asiento trasero, a la esposa del pastor. El auto se había llenado de agua. Ella no respiraba.

Como pudieron, la sacaron del auto y la llevaron a la superficie. La acomodaron en un banco que allí había. La señora no tenía pulso.

Intentaron revivirla utilizando los procedimientos habituales en casos como este. La pusieron en la posición adecuada para presionarle el tórax, pero todo resultó infructuoso. Luego, al no tener experiencia en orar por la vida de una persona muerta, Omar comenzó a llamarla por su nombre y decirle a su espíritu que volviera a su cuerpo.

Habían pasado entre quince y veinte minutos desde que el automóvil había caído al lago, cuando de repente, ella jadeó. Su espíritu había regresado a su cuerpo. Poco después, un automóvil que pasaba por allí los llevó al hospital para que la examinaran. No fue necesario dejarla internada. Fue dada de alta sin daño cerebral.

Después, sentí que el Señor me estaba diciendo que no veíamos muertos resucitados a menos que predicáramos y enseñáramos sobre ello. Recuerdo haber dicho en mi sermón en Kentucky: «Nunca sabremos cuándo se nos pueda pedir que oremos por alguien que ha muerto, pero creemos que no era el momento para que esa persona muriera; por lo tanto, les estoy diciendo todo lo que sé sobre la resurrección de muertos».

Unos años después, me encontré con dos hombres que habían estado en el servicio cuando prediqué sobre la resurrección de los muertos. Habían estado en el equipo de adoración. Tenían veintitantos años. Uno de ellos tocaba la guitarra eléctrica. Este me contó cómo su hijo había resucitado.

La madre del niño había soñado la noche anterior que habría una muerte en la familia. Supuso que sería alguno de los miembros mayores que moriría. Oró contra el sueño, creyendo que podría ser una advertencia.

Su esposo, que estaba en casa, vio por la ventana una aglomeración inusual de gente en su antejardín. Presintiendo una desgracia, corrió afuera al tiempo que recordaba no haber visto a su hijo de cinco años en su habitación. Lo primero que vio fue el triciclo de su hijo tirado en el suelo. Corrió hasta la calle para encontrarse con la peor pesadilla. A su hijo lo había atropellado un automóvil y yacía en la calle, rodeado de mucha gente.

El padre había completado recientemente un entrenamiento como técnico médico de emergencia para atención en ambulancia. Algo que le habían enseñado era reconocer cuándo una persona estaba muerta. Por eso, se dio cuenta de que su hijo tenía todas las evidencias de la muerte. Cuando la madre del niño vio lo que había sucedido, se desesperó y comenzó a gritar y a llorar. Alguien ya había llamado al 911. El padre puso sus manos sobre su hijo y se llenó de horror y dolor.

Pero en seguida recordó lo que le habían enseñado unas pocas semanas antes; entonces comenzó a gritar el nombre de su hijo, ordenando a su espíritu que volviera a su cuerpo.

Después de unos minutos, el niño jadeó y comenzó a gritar de dolor. Qué maravilloso sonido para este padre: el grito de dolor en lugar del silencio de la muerte.

Cuando llegó el 911, decidieron trasladar al niño en helicóptero a otro hospital debido a la gravedad de sus heridas, incluyendo varios huesos rotos.

Un par de semanas más tarde, cuando los padres visitaron al médico, le preguntaron si el yeso que llevaba puesto el niño se podía cortar una pulgada en la parte superior debido a la incomodidad que su hijo experimentaba. El médico les dijo: «Eso es imposible; las lesiones de su hijo son tales que tomará muchas semanas para que sus huesos se suelden. Ahora mismo le estamos tomando unas radiografías para ver si los huesos han comenzado a corregirse correctamente».

Varios minutos después, el médico volvió y les dijo: «Nunca había visto algo igual. No entiendo, pero los huesos de su hijo ya se han soldado y en este momento estamos quitando completamente el yeso».

Yo creo que el mismo poder de resurrección que lo trajo de vuelta a la vida fue poderosamente eficaz para que sus huesos soldaran semanas antes de lo que normalmente hubieran sanado.

LA HISTORIA DEL DOCTOR CRANDALL

En la mañana del 20 de septiembre de 2006, un hombre condujo su automóvil hasta el hospital. Una vez que llegó, se desplomó. El doctor Crandall estaba de guardia ese día, y dado que era el cardiólogo de turno, le tocó hacerse cargo del paciente. Trabajó intensamente con su equipo, pero no consiguieron mantenerlo vivo. El doctor Crandall hizo todo posible, pero luego tuvo que declararlo muerto.

Una enfermera se ocupó de preparar el cuerpo para la morgue mientras el doctor Crandall, una vez que hubo terminado de hacer las anotaciones en el registro del hospital, se aprestó a salir. Cuando ya se iba, oyó una voz que le decía: «*Vuelve y ora por ese hombre*». Su primer pensamiento fue que no serviría de nada orar por ese cuerpo. Pero la voz volvió a decirle que orara por ese hombre. Él decidió obedecer a esa voz, regresó y se paró junto al cadáver.

La enfermera todavía estaba allí. El doctor Crandall dijo: «Padre Dios, clamo por el alma de este hombre. Si no te conoce como su Señor y Salvador, levántalo de los muertos ahora, en el nombre de Jesús».

En ese momento entró otro médico y el doctor Crandall le dijo: «Dele una descarga eléctrica una vez más». El médico, por respeto al cardiólogo, colocó las almohadillas del desfibrilador y le aplicó la descarga eléctrica. Al instante, el corazón empezó a latir a un ritmo normal. La enfermera gritó: «¿Qué ha hecho, doctor?».

El hombre comenzó a moverse y a respirar; luego, los dedos de sus manos entraron en movimiento. Rápidamente, lo trasladaron a la UCI. Tres días después, el paciente se despertó sin la más mínima evidencia de daño cerebral u orgánico. Cuando el doctor Crandall lo visitó a la semana siguiente, lo encontró sentado en la cama. Le preguntó dónde había estado cuando estuvo muerto, y el hombre le dijo que había estado en la oscuridad, solo y perdido. El doctor Crandall le preguntó si quería aceptar a Cristo en su corazón. El hombre le dijo que sí: ahora está de vuelta en el trabajo y no tiene secuelas por la muerte que había experimentado.[7]

SANTARÉM, PARÁ, BRASIL: DEVUELTO A LA VIDA

En Santarém, estado de Pará, en Brasil, conocí a un pastor increíble. En su iglesia se reunían cada semana en grupos seculares más de cincuenta mil personas. Desde Santarém se trasladó a la ciudad de Fortaleza, estado de Ceará, donde en ocho años vio crecer su iglesia, y otras que había comenzado, a más de treinta mil personas. Es un hombre de absoluta integridad y uno de los líderes espirituales más respetados en Brasil.

Durante uno de mis primeros viajes a Santarém, hablé de la resurrección de los muertos. A diferencia de mi experiencia en Kentucky, donde no me atrevía a tocar el tema, para esta época ya había conocido y entrevistado a personas que habían resucitado de entre los muertos (la mayoría de estas entrevistas habían ocurrido en Mozambique), junto con aquellos que habían orado por ellos y habían sido testigos del poder que tales resurrecciones tuvieron en las aldeas donde ocurrieron. El resultado más común fue que muchos creyeron en Jesús, y llegaron a ser discípulos cristianos.

Animado por mi conocimiento personal de los muertos que han vuelto a la vida, hablé con varios pastores y líderes de Santarém. También tuve un servicio de impartición donde muchos de ellos fueron tocados poderosamente por el poder de Dios. Uno de esos pastores, iniciador de iglesias, salió de la reunión renovado en el poder y la fe de Dios. En uno de mis viajes en que regresé a Santarém, me contó esta historia.

Se encontraba viajando por la cuenca del río Amazonas, compartiendo el poder del evangelio y orando por los enfermos. En una de sus reuniones, oró para que la gente fuera tocada por el poder de Dios, así como yo había orado por los líderes en Santarém. Uno de los asistentes fue tocado poderosamente por el Espíritu Santo.

Poco después, el hijo adolescente de este creyente murió. Como había oído al plantador de iglesias repetir las historias que yo les había contado, oró para que su hijo volviera a la vida. Y lo hizo por más de *doce horas*.

UBERLÂNDIA, BRASIL: NIÑA DE DOCE
AÑOS VUELVE A LA VIDA

Ya he mencionado antes la ciudad de Uberlândia, en el sur de Brasil. Como dije, he estado allí varias veces para ministrar en una iglesia de varios miles de personas. En uno de los viajes, tuvimos un servicio milagroso donde cientos fueron sanados. Allí nos enteramos de dos personas que habían resucitado de los muertos. La primera historia era muy conocida por miles en esta iglesia porque sucedió justo enfrente de la iglesia.

Ocho semanas antes, una jovencita de unos doce años iba cruzando la concurrida calle frente a la iglesia. Su madre la seguía unos pasos atrás. De pronto, a la jovencita se le cayó un lápiz y al inclinarse a recogerlo, una motocicleta la atropelló lanzando su cuerpo por el aire y, al caer, dio con su cabeza en el bordillo de la acera. El golpe fue tan violento que se partió el cráneo dejando su masa encefálica expuesta.

La madre, que fue testigo de esta tragedia horrible, corrió a ayudar a su hija, pero la muchachita había muerto en forma instantánea. La madre comenzó a clamar a Dios para que le devolviera a su hija.

Llegó una ambulancia y un vehículo de los bomberos. Los paramédicos examinaron el cuerpo y le dieron la noticia a su madre de que su hija había muerto. Que no había nada que se pudiera hacer y que incluso orar como lo estaba haciendo ella sería infructuoso. Su hija se había ido.

La madre no hizo caso de esa noticia; más bien se mantuvo clamando a Dios y pidiéndole un milagro. Pasaron más de veinte minutos, y los paramédicos y los bomberos le dijeron a la madre que dejara de orar y que les permitiera llevar el cuerpo de su hija a la morgue.

La madre sacó su teléfono y llamó a la líder de su célula y le pidió que viniera a orar por su hija. La líder le dijo que iría inmediatamente. Cuando llegó, puso sus manos sobre la muchachita muerta y se unió a la madre en oración por su resurrección. Oraron varios minutos más, con lo que el tiempo transcurrido desde el accidente era ya de unos treinta minutos.

De repente, el espíritu de la niña regresó a su cuerpo y ¡ella volvió a la vida!

La trasladaron al hospital debido a su cráneo fracturado y su masa encefálica expuesta, además de un brazo roto y heridas en una pierna, pero sobrevivió.

Ocho semanas después, la niña vino a nuestra reunión en la iglesia. Tenía el brazo enyesado, veía doble y se movilizaba en una silla de ruedas. Durante el servicio, recibió la sanidad. Dejó la silla de ruedas, la doble visión se corrigió y la lesión en su cabeza se cerró aún más.

Cuando la entrevistamos, nos contó la historia de su muerte y resurrección. Nos dijo que cuando fue alcanzada por la motocicleta, «de repente todo se volvió negro, pero en seguida me encontré en un lugar brillante, que era el cielo. Todo era muy hermoso y yo me sentía maravillada. Y Jesús vino y me dijo que tenía que volver, pues mi madre y su amiga no se darían por vencidas; así es que volví a mi cuerpo y empecé a sentir dolor».[8]

Durante esta misma serie de reuniones en la iglesia de Uberlândia, supimos de la resurrección de otra niña de pocos años.

Esa noche, a la niña, que estaba lisiada, la habían subido a la plataforma donde se oraba por los enfermos. Un miembro de mi equipo, de profesión ingeniero, sintió que Dios lo guiaba a preguntarle a la madre si estaba de acuerdo en quitar las abrazaderas de las piernas de la niña. La pequeña nunca había podido caminar sin esos aparatos. Sus talones no podían tocar el suelo y sus pies estaban deformados. La madre estuvo de acuerdo. Se quitaron las abrazaderas y cuando le dijeron a la niña que caminara, ¡anduvo! Y no solo se puso a caminar por la plataforma, sino que lo hizo casi corriendo. Luego, la madre vino a contarme el resto de la historia.

En una de mis primeras visitas a la iglesia, me dijo que había venido a verme con una foto de su hija en su teléfono inteligente. Esta es una costumbre bastante común en Brasil: traer imágenes de la familia o seres queridos que necesitan oración para que los pastores o los evangelistas oren por ellos. (A mí personalmente nunca me gustó esta práctica, pensando que en cada reunión había gente más que suficiente para orar por ellas sin tomarse el tiempo para orar por las fotos).

La madre continuó diciéndome que cuando trajo la foto de su hija, que todavía era una bebé y que se encontraba hospitalizada, lo que no me dijo fue que su bebé había muerto. Yo oré, pero no realmente con un don de fe o incluso un poco de fe, porque, como digo, no tenía mucha esperanza en cuanto a orar teniendo ante mí un teléfono. Sin embargo, cuando la madre regresó al hospital, el monitor mostraba los latidos de su pequeño corazón. Había vuelto a la vida. Era la misma niña a la que le habían quitado las abrazaderas y había sanado. Unos años antes, había regresado a la vida después de haber estado muerta.

BRASIL: UNA ÚLTIMA HISTORIA

En otra ciudad del sur de Brasil, conocí a un hombre que había sido alcaide de la prisión. Esta es la historia que me contó:

«La primera vez que lo vi», me dijo, «usted oró por mí. Caí al suelo bajo el poder de Dios y lloré». Le dije que yo creía que Dios lo había derribado, que era un hombre tan grande y fuerte que nadie habría podido derribarlo. Era como Hulk.

«Regresé a casa y a mi trabajo como supervisor de la prisión», continuó. «Pero en aquella reunión había recibido una unción para sanidad; así es que oré por más de doscientos presos que en un año recibieron la sanidad.

»Luego hubo un motín, durante el cual uno de mis guardias recibió varios tiros en el pecho. Fui al hospital a orar por él. Cuando llegué, vi que el monitor cardíaco indicaba cero actividad. Había muerto. Yo no sabía cómo orar por una persona muerta. Hasta entonces, había tenido fe, pero ahora, frente a ese cadáver, no creí que podría ser devuelto a la vida. La esposa del guardia me vio cuando me volví para irme. Le pidió a alguien que me trajera de vuelta y orara por la resurrección de su esposo. Yo no sabía qué hacer. Realmente estaba muy asustado. Pero me acerqué al cuerpo, le puse mi mano en el pecho y le ordené que volviera a la vida. ¡Y volvió! El monitor comenzó a sonar de nuevo».

Al continuar su relato, me dijo: «Perdí mi trabajo como supervisor de la prisión y quedé solo como un guardia. El hombre me degradó, pero Dios me dio un ascenso. Me llamó al pastorado y actualmente tengo a mi cargo una iglesia».

Su hermana no creía en la resurrección de los muertos. Pero su hijo murió en un accidente. Me dijo: «Mi hermana me llamó y me dijo: "Tú sanaste a ese guardia, ¿verdad? Bueno, este es tu sobrino; ven y ora para que sea devuelto a la vida"».

Oró y el sobrino volvió a vivir.

MOZAMBIQUE: RESURRECCIONES MILAGROSAS

Supresa Sithole es uno de los líderes de Iris Global, con Rolland y Heidi Baker. Ha visto a más de cien personas que han resucitado. Uno de sus relatos tiene que ver con una persona que murió durante una huelga de médicos.

«Habíamos ido al hospital, pero aquello era un caos debido a la huelga. Vimos el cuerpo de una mujer con ojos y boca abiertos. Y la boca, llena de gusanos. Comenzamos a orar por esa persona, y después de un rato, pensé: *Necesito decirle al médico que saque ese cuerpo del hospital.* Cuando volví a verlo, la mujer tosió, los gusanos salieron de su boca y ella se levantó. Había vuelto a la vida después de estar muerta».[9]

Otro testimonio tiene que ver con un bebé muerto que fue llevado a Supresa para que orara. El cuerpo estaba reseco y Supresa se preguntó qué habría pasado con el bebé. Comenzó a orar para que Dios devolviera al bebé a la vida. «Dios», oró, «envía a tu Espíritu Santo con poder sanador».

Repentinamente, el bebé sintió dolor y recibió el aliento de vida. Tan pronto comenzó a respirar, Supresa oró más intensamente, invocando el nombre de Jesús. El bebé abrió los ojos y por la gracia de Dios, resucitó de entre los muertos.

Después, la madre trajo a Supresa otro bebé muerto. Le dijo: «Te traigo mi bebé muerto debido al milagro anterior». Supresa dijo: «Ese día me sentí fuerte en mi fe porque recordé que Jesús había resucitado al otro bebé. Comencé a clamar a Jesucristo y le pregunté: "¿Qué está pasando con este bebé? ¿Por qué está muerto?". Y nuevamente, se produjo el milagro: el bebé resucitó en el nombre de Jesús. Después de ese día, mi casa se convirtió en una especie de hospital. Muchos traían a familiares enfermos. Siempre estaba llena de gente; algunos incluso se quedaban por dos semanas, pero luego salían sanos. Dios está haciendo milagros».[10]

• • •

Como puede verse por las historias contenidas en este capítulo, las resurrecciones siguen ocurriendo hoy. Y creo que el mandato para resucitar a los muertos también es para hoy. No fue solo para Pedro, Andrés o Santiago. Fue para el pueblo de Dios, el pueblo de entonces y el pueblo de ahora. Espero que estas historias lo animen y le muestren que Dios puede obrar a través de usted *hoy*, tal como lo hizo a través de sus discípulos ayer. La demostración del poder de Dios cambiará el mundo en estos últimos días.

• • •

Hemos dejado establecido que los milagros, incluida la resurrección de los muertos, como se ve en este capítulo, no solo ocurrieron en los tiempos bíblicos, en la historia posterior de la iglesia, sino continúan ocurriendo hoy. Al entrar en la segunda parte abordaremos las razones por las cuales ha sido difícil para muchas personas en Occidente creer en los milagros. Retaremos su razonamiento erróneo y circular, y finalmente mostraremos la verdad de Dios con respecto a la sanidad y cómo *usted* puede ser usado por Él para llevar sanidad a un mundo lastimado.

EL PROBLEMA CON LOS MILAGROS EN LA MENTALIDAD OCCIDENTAL

Sin fe es imposible agradar a Dios, ya que cualquiera
que se acerca a Dios tiene que creer que él existe
y que recompensa a quienes lo buscan.

HEBREOS 11.6

CAPÍTULO 6

LA RELIGIÓN Y LA ERA DE LA ILUSTRACIÓN

El problema con los milagros en Occidente es realmente un desarrollo reciente desde una perspectiva histórica que comenzó en el siglo dieciséis, pero que alcanzó un gran impulso en el siglo dieciocho. Hubo un tiempo en Occidente en el que casi todos creían en los milagros. Incluso cuando el péndulo comenzó a oscilar contra tal creencia, quedaron muchos científicos que creyeron en Dios como la fuente del origen de la creación y como sustentador del universo por su voluntad. Solo en los últimos trescientos años de la civilización occidental se ha dado un desarrollo de una cosmovisión antisobrenatural entre la intelectualidad. En esta sección analizaremos la forma en que se desarrolló esta cadena de acontecimientos.

Sin embargo, esta perspectiva, esta imagen de la falta de creencia en lo sobrenatural el día de hoy es bastante engañosa. No es tan fuerte entre la gente común de Occidente como se pensó alguna vez. Estudios recientes revelan que, especialmente en Estados Unidos, hay una gran mayoría que sigue creyendo en el aspecto sobrenatural de la realidad y de la fe.

Una encuesta reciente de Harris llevada a cabo en Estados Unidos reveló que el ochenta y cuatro por ciento de los estadounidenses cree que los milagros ocurren hoy en día. Otra encuesta llevada a cabo en forma diferente mostró que el setenta y tres por ciento de los adultos cree en los milagros. Y aun otra, reveló que el setenta y cuatro por ciento de mil cien médicos cree en los milagros que ocurren hoy, y un cincuenta y cinco por ciento de ese setenta y cuatro por ciento dijo que en sus prácticas habían visto milagros relacionados con la salud. En una encuesta israelí, el ochenta y dos por ciento indicó que creía en los milagros, y el cuarenta y un por ciento afirmó haber experimentado milagros en sus propias vidas.[1] Estas estadísticas indican que la influencia del «hombre moderno» que no puede creer en los milagros fue muy exagerada por la intelectualidad de los siglos dieciocho al veinte.

Jeremías parece representar la opinión de más personas, incluso doctores altamente educados, que los puntos de vista de muchos de la academia de nuestras universidades. Jeremías le dijo al Señor Dios: «Tú hiciste milagros y prodigios en la tierra de Egipto, y hasta el día de hoy los sigues haciendo, tanto en Israel como en todo el mundo; así te has conquistado la fama que hoy tienes» (Jeremías 32.20). La tremenda influencia de los movimientos pentecostales y carismáticos dentro del protestantismo y el catolicismo ha creado en los últimos cien años una apertura y una creencia mucho mayores en lo milagroso. Pero no fue así, especialmente a partir de los siglos dieciocho y diecinueve.

Analicemos ahora la línea del tiempo y las principales influencias que contribuyeron a un dogma intelectual de incredulidad de la mayoría de los occidentales en los siglos dieciocho al veinte, y que dominaron las universidades hasta el comienzo del siglo veintiuno. Este dogma —que no debía ser cuestionado y provocó que una «era oscura» cayera sobre el pensamiento de muchos líderes en la iglesia— ha comenzado a ser desechado, precisamente, por muchos líderes de la iglesia, al entrar en un renacimiento propio en lo que respecta a comprender los «caminos» de Dios en el ámbito de lo sobrenatural.

El escepticismo que se desarrolló durante la década de 1700 en lo que se llama la Era de la Ilustración dio como resultado varias corrientes de pensamiento que habían experimentado un cambio significativo durante los doscientos años anteriores. Los cambios en la religión, la ciencia, la filosofía, la política y la teología se combinaron para dominar el mundo de las ideas, incluidas las relacionadas con la realidad de los milagros.

Antes del comienzo de la Reforma Protestante en 1517, la realidad de los milagros nunca había sido cuestionada seriamente por la Iglesia Católica. Tradicionalmente, los católicos siempre habían creído en los milagros. Incluso durante el siglo dieciséis, las sanidades se atribuyeron a Lutero[2] y a otros reformadores. Pero gradualmente, en respuesta a los excesos percibidos, comenzó a filtrarse en la Reforma una tendencia hacia el escepticismo de lo milagroso.

Martín Lutero (1483-1546), el catalizador de la Reforma Protestante, que había enseñado que el *sacerdocio es tarea de todos los creyentes* y enfatizado la *libertad de conciencia*, fue sacudido por el impacto de sus propias enseñanzas provenientes del ala izquierda de la Reforma. Algunos adherentes de los anabaptistas fueron demasiado lejos, exagerando la función del Espíritu Santo al poner más énfasis en la guía del testimonio interno del Espíritu Santo que en la Biblia. Esto a su vez llevó a un exceso en el ministerio profético.

Adicionalmente, este movimiento profético fue parte de la razón por la que Thomas Munster y otros enseñaron que Dios quería que la gente se rebelara contra la aristocracia, los señores de la tierra y el orden establecido, no solo por razones religiosas o espirituales, sino también por razones económicas. Entonces, lo hicieron, en lo que se conoció como la Rebelión de los Campesinos. En 1524 y 1525 cien mil campesinos murieron durante esta rebelión.

La Reforma había producido a los luteranos en Alemania, a los calvinistas en Francia, llamados así por Juan Calvino, un líder clave en la fe reformada, y a Zuinglio en Suiza, otro líder reformado. Los católicos romanos persiguieron a los protestantes porque creían que estos se habían apartado de la fe y eran herejes. Del mismo modo, los luteranos y los calvinistas/reformados creían que los anabaptistas y otros grupos más pequeños de la Reforma, que habían llevado los principios de Lutero y Calvino aún más lejos, también eran herejes. He estado junto al río, en

Suiza, donde los reformados, bajo la influencia de Zuinglio, ahogaron a los anabaptistas por considerarlos herejes. Este no era el momento para cuestionar la fe, el sistema de creencias doctrinales religiosas de la Iglesia Católica o de las denominaciones protestantes.

La creencia de los calvinistas en la soberanía de Dios los llevó a creer que todo lo sucedido ocurría por la voluntad de Dios. Esta creencia se acercaba peligrosamente al fatalismo. Incluso el lenguaje de nuestras compañías de seguros modernas refleja la influencia persistente de esta teología al tratar como actos de Dios las tragedias tales como inundaciones, tornados, terremotos y huracanes.

Una de las más grandes influencias hacia la libertad de pensamiento y el derecho a ser escéptico fue la pérdida de vidas debido a las guerras religiosas. De 1552 a 1598, de dos a cuatro millones de personas murieron durante varias guerras religiosas que se libraron en Francia entre los protestantes y los católicos. Entre 1618 y 1648, de nuevo estallaron guerras religiosas entre estos dos grupos. Durante esta guerra, llamada la Guerra de los Treinta Años, ochocientas mil personas murieron en Europa. En algunas áreas habían muerto tantos hombres que las mujeres los superaban en número. En Alemania, donde la guerra adquirió dimensiones catastróficas, en algunas regiones fue necesario decretar una dispensa especial para que los hombres que quedaron tuvieran más de una esposa con fines de repoblación. Se consideró que el dogmatismo religioso fue en parte culpable de las guerras. También hubo guerras religiosas en Inglaterra y Dinamarca, así como en otros países escandinavos.

La Iglesia Católica siempre había señalado los milagros que estaban ocurriendo dentro de la iglesia como una reivindicación de su doctrina. Pero la reacción exagerada de Lutero a la Rebelión de los Campesinos y la anarquía que parecía crear con su énfasis en las impresiones subjetivas, que se creía que eran palabras proféticas de Dios, causaron que el racionalismo se desarrollara finalmente en el luteranismo. Con el tiempo, el luteranismo y el calvinismo desarrollaron sus propias formas de dogmatismo escolástico, con poco énfasis en los sentimientos subjetivos y un fuerte énfasis en la razón. Este miedo a la revelación del día presente que algunas sectas protestantes abrazaron, junto con la insistencia de la Iglesia Católica de que los milagros demostraban que su doctrina era correcta, resultó en que los protestantes desarrollaran la creencia de que algunos de los dones del Espíritu Santo (lenguas, interpretación de lenguas, profecía, dones de sanidad y obrar milagros) habían terminado con la muerte de los apóstoles o la canonización de la Biblia. Esta creencia, conocida como *cesacionismo*, todavía es bastante fuerte en Estados Unidos, que es el último baluarte del cesacionismo. Entonces, la mayoría de los protestantes, que habían sido fuertemente influenciados por el racionalismo —un énfasis importante de la Ilustración—, consideraban que la creencia de los católicos en los milagros era supersticiosa.

En este contexto histórico, cuando Europa, especialmente Francia, Alemania, Inglaterra, Dinamarca y otros países escandinavos se hartaron de las guerras religiosas y la pérdida de vidas y de capital, había llegado el momento de reaccionar ante el dogmatismo cristiano. La gente comenzó a cuestionar las enseñanzas de la iglesia, tanto católica como protestante.

En este suelo ensangrentado, pronto se escucharán voces que cuestionarán no solo las creencias religiosas, sino todas las cosas. La Era de la Razón, conocido también como la Era de la Ilustración, estaba a punto de nacer. Con el tiempo, el racionalismo y el escepticismo desarrollarían su propio dogmatismo, y la ciencia quedaría encadenada a este nuevo escepticismo, con un dogmatismo propio. Lo único que no podía cuestionarse era la forma escéptica de pensamiento, lo que resultó en un rechazo de todas las cosas sobrenaturales. El nuevo dogmatismo del naturalismo y el materialismo se volvería tan rígido como el viejo dogmatismo de la iglesia.

Las fechas aproximadas para ubicar la Ilustración son de 1650 a 1790.[3] La Ilustración traería un cambio drástico en la perspectiva, especialmente en el pensamiento de la gente sobre lo que es posible, básicamente descartando lo sobrenatural en las mentes de muchos científicos y filósofos.

Tarde o temprano, esto terminaría afectando a los teólogos.

CAPÍTULO 7

LA CIENCIA Y LAS LEYES DE LA NATURALEZA

En los años de 1700, y especialmente en los de 1800, la creencia en Dios y lo que hoy llamamos «diseño inteligente» fueron reemplazados por una visión naturalista del mundo. Esto sucedió primero en el siglo dieciocho en un movimiento intelectual llamado *deísmo*, que es la creencia de que, aunque hay un Dios que lo creó todo, no interviene en los asuntos del mundo. Thomas Jefferson era un deísta. Luego, en la década de los años de 1800, comenzó a desarrollarse un ateísmo en toda regla entre los filósofos y muchos científicos. La nueva filosofía sería el materialismo, la creencia de que nada existe excepto la materia; y la visión filosófica del naturalismo: todo lo que sucede puede explicarse en términos naturalistas sin inyectar lo sobrenatural como explicación. ¿Cómo pasó esto?

Voltaire (1694-1778), un francés, es visto como una de las personas más importantes en cambiar la cultura de creer sin cuestionar a cuestionarlo todo y creer en nada sobrenatural. Podría considerársele el Padre de la Ilustración. Se puede entender el uso de un seudónimo, Voltaire, en lugar de su nombre real, François-Marie Alouet, porque era muy controversial. No solo atacó a la iglesia y sus milagros, sino también la estructura misma de la sociedad de su tiempo. En sus escritos se refirió a la iglesia como la «infamia». En un ensayo en el que supuestamente ataca a quienes renuncian a la divinidad de Cristo, Voltaire sugirió una «historia» de cómo Jesús llegó a ser considerado divino por la iglesia, supuestamente durante un período de siglos. Muchas de las ideas en el siguiente pasaje se originaron antes de Voltaire, pero pocos las expresaron tan bien.

> Los cristianos pasaron tres siglos enteros construyendo poco a poco la apoteosis [elevar al estado de un dios] de Jesús... Primero... Jesús era considerado simplemente como un hombre inspirado por Dios; luego, como una criatura más perfecta que los demás. Algún tiempo después se le dio un lugar por encima de los ángeles, como dice San Pablo. Todos los días se agregaba algo a su estatura. Se convirtió en una emanación de Dios manifestada en el tiempo. Eso no fue suficiente: se le consideraba nacido antes del tiempo mismo. Finalmente, se le hizo Dios, consustancial con Dios.[1]

La cronología de Voltaire ignora el hecho de que prácticamente todos los escritos y credos cristianos de los siglos primero y segundo aceptaban universalmente la divinidad de Jesús. Los grandes concilios de la iglesia de siglos posteriores no fueron convocados, como algunos insisten, para establecer la divinidad de Jesús, sino en gran parte para refutar un movimiento que venía del siglo tercero para desacreditarlo.

Voltaire no era cristiano. Era un materialista y un naturalista. Era un crítico de la sociedad y un fuerte crítico de la religión. Con respecto a la Biblia, dijo: «En cien años, este libro [la Biblia] se habrá olvidado». En lugar de religión, apoyó firmemente la física newtoniana.

La física de Isaac Newton era una nueva perspectiva del mundo. Newton ayudó a establecer que había leyes que gobernaban la naturaleza. La revolución industrial también estaba teniendo lugar, y era el momento de la máquina. Con este contexto, sus postulados se convirtieron en una forma de ver el mundo: que el mundo era una máquina, que nuestros cuerpos funcionaban como una máquina, y que las leyes de la naturaleza, más que la mano de Dios, controlaban o causaban lo que sucedía. La física newtoniana prevalecía durante esa época. Solo el descubrimiento de la mecánica cuántica habría de poner en entredicho la rigidez de la física newtoniana, cuestionándola.

Todavía hoy se puede ver el efecto de Newton y la Ilustración. Un ejemplo se puede encontrar en el libro del doctor Herbert Benson sobre la sanidad y la fe. En *Timeless Healing: The Power and Biology of Belief* [Sanidad atemporal: El poder y la biología de la fe], Benson, profesor de la Escuela de Medicina de la Universidad de Harvard, declaró que cree que Dios programó nuestros cuerpos para que respondieran a la fe. Habla en él de una causa y un efecto naturalistas, porque Benson no cree que la fe pueda alterar las leyes de la física newtoniana. Con esta declaración, Benson revela su incredulidad en la irrupción sobrenatural de Dios en nuestro mundo. También revela los efectos duraderos del pensamiento de la Ilustración sobre la ciencia y la teología. Benson también enseña en un seminario.

Otra gran influencia en una cultura cada vez más secular fue William Paley (1743-1805). Paley era un clérigo inglés, apologista y utilitarista. Los utilitaristas creen que el propósito de la moralidad es mejorar la vida aumentando la cantidad de cosas buenas (como el placer y la felicidad) en el mundo y disminuyendo la cantidad de cosas malas (como el dolor y la infelicidad). Rechazan códigos morales o sistemas que consisten en comandos o tabúes que se basan en costumbres, tradiciones u órdenes dadas por líderes o seres sobrenaturales. En lugar de eso, los utilitaristas piensan que lo que hace que una moralidad sea verdadera o justificable es su contribución positiva a los seres humanos (y quizás no humanos). Las creencias utilitaristas tendrían un efecto sobre la ética durante este tiempo, eliminando los absolutos de un legislador y reemplazando estas leyes con una perspectiva hedonista y humanista (lo que sea que haga a un humano feliz o le dé placer es bueno).

Charles Darwin (1809-1882) agregó combustible al fuego humanista cuando desarrolló la teoría de la evolución. Su libro *On the Origin of Species by Natural Selection* [Sobre el origen de las especies por selección natural] lo escribió en 1859, y *The Descent of Man* (El origen del hombre), en 1871.

Darwin fue un historiador natural inglés y un geólogo. No era cristiano. Hubo un mito en el sentido de que era cristiano, pero esto se debió a que su versión más antigua de *On the Origin of Species* había sido editado por su esposa cristiana, que editó todas sus afirmaciones contra Dios y sus afirmaciones negativas sobre el cristianismo. Más tarde, estos fueron agregados nuevamente a sus escritos por otra persona. Como naturalista, no permitía respuestas sobrenaturales a las preguntas.

Estando ya comprometido con el naturalismo, la visión de que la naturaleza misma, dirigida por sus leyes, es la causa de todas las cosas, más que un ser sobrenatural, Dios, fue fácil para Darwin desarrollar su teoría de la evolución. Él creía que toda la vida tiene un origen común, de lo inanimado a lo animado y de las formas de vida inferiores a las formas de vida superiores. Esto, escribió, fue el resultado de la selección natural o la supervivencia del más apto. «Más apto» no significaba el más fuerte, enseñaba, sino simplemente el más adecuado al medio ambiente.

Esta teoría, en mi opinión, requeriría una *ciencia de las brechas*. Lo que quiero decir es que hay poca evidencia para probar los grandes saltos de una especie a otra. La ciencia, sin embargo, acusa a las personas religiosas de creer en el *Dios de las brechas*. Pero la teoría de la evolución está elaborada con suposiciones indemostrables sin evidencia sólida, creyendo que, con el tiempo suficiente, la evolución puede incluso provocar el cambio de una especie a otra.

La teoría de la evolución fue concebida para eliminar a Dios del mundo. Es posible que usted se pregunte: «¿Por qué alguien querría eliminar a Dios del cuadro?». En el contexto histórico, algunos de los líderes clave de la Ilustración eran hedonistas, deseando tener una sexualidad sin moralidad. Voltaire, por ejemplo, tenía una amante que estaba casada con otra persona, convirtiéndolo en un adúltero público. Hubo un deseo de deshacerse de la restricción moral y liberarse de las restricciones de los códigos morales de las religiones, especialmente el cristianismo, porque esa era la religión predominante en Europa.

CIENTÍFICOS CON UNA COSMOVISIÓN
BASADA EN LA FE

Con el tiempo, la teoría de la evolución reemplazaría la creencia en el diseño inteligente, que apuntaba a un creador. Sin embargo, sería un error pensar que todos los científicos importantes hayan tenido una perspectiva atea y antisobrenatural. Algunos de los más grandes científicos han sido teístas, creyendo que Dios podría, y lo hizo, intervenir en el mundo que Él había creado. Si consideramos el período comprendido entre los años 1600 y 1900, descubriremos una cantidad de contribuyentes significativos al pensamiento científico moderno que también mantuvieron una cosmovisión basada en la fe.[2]

Sir Francis Bacon (1561-1627)

Bacon, uno de cuyos objetivos declarados fue servir a la iglesia, fue un filósofo mejor conocido por establecer el método científico de investigación basado en la experimentación y en el razonamiento inductivo. Aunque su trabajo se basó en tal experimentación y razonamiento, rechazó el ateísmo. «Es cierto que una pequeña filosofía inclinó la mente del hombre al ateísmo», escribió, «pero la profundidad en la filosofía lleva las mentes de los hombres a la religión; porque mientras la mente del hombre mira a las segundas causas esparcidas, y a veces puede descansar en ellas y no ir más allá; cuando ve la cadena de ellas confederada y unida, necesita volar hacia la Providencia y la Deidad».[3]

Johannes Kepler (1571-1630)

Kepler fue un brillante astrónomo y matemático, y también un devoto luterano. Estudió la luz y desarrolló las leyes del movimiento planetario alrededor del sol. Introdujo la idea de que la fuerza en la astronomía se movía poderosamente en la dirección de la ciencia moderna. Estuvo a punto de descubrir la gravedad antes que Newton. Es interesante notar que sus escritos sobre astronomía contienen declaraciones acerca de cómo el espacio y los cuerpos celestes representan la Trinidad.[4] Contrario a la visión negativa de la Iglesia Católica contra el universo centrado en el sol, Kepler no fue perseguido por su enseñanza abierta del sistema centrado en el sol. ¡Se le permitió, como luterano, permanecer en la universidad católica Graz como profesor (1595-1600)!

Galileo Galilei (1564-1642)

Recordado por su conflicto con la Iglesia Católica Romana, su controvertido trabajo sobre el sistema solar fue publicado en 1633 y no contenía pruebas de un sistema centrado en el sol (los descubrimientos del telescopio de Galileo no indicaban una tierra en movimiento). Su única «prueba», basada en las mareas, no era válida e ignoraba las órbitas elípticas correctas de los planetas publicadas veinticinco años antes por Kepler. Como su trabajo terminó poniendo el argumento favorito del papa en la boca del simplón en el diálogo, el papa, un viejo amigo de Galileo, se sintió muy ofendido. Después de su «juicio» y de que se le prohibiera enseñar el sistema centrado en el sol, Galileo hizo su trabajo teórico más útil basado en la dinámica. Expresamente dijo que la Biblia no puede equivocarse, y vio su sistema como una interpretación alternativa de los textos bíblicos.

René Descartes (1596-1650)

Matemático, científico y filósofo francés que ha sido llamado el padre de la filosofía moderna. Sus estudios formales lo habían convertido en un insatisfecho con la filosofía anterior. Tenía una profunda fe religiosa como católico romano. A los veinticuatro años tuvo un sueño y sintió un profundo llamado vocacional a unir el conocimiento en un sistema de pensamiento. Su sistema comenzó preguntando qué se podía saber si de todo se dudaba, sugiriendo el famoso: «Pienso, luego existo». Lo que realmente quería era que su filosofía fuera adoptada como enseñanza católica estándar. René Descartes y Francis Bacon son generalmente considerados como las figuras clave en el desarrollo de la metodología científica. Ambos tenían sistemas en los que Dios era importante, y ambos parecían más devotos que el promedio de su época.

Blaise Pascal (1623-1662)

Matemático, físico, inventor, escritor y teólogo francés.[5] En matemáticas, publicó un tratado sobre el tema de la geometría proyectiva y estableció las bases para la teoría de la probabilidad. Inventó una calculadora mecánica y estableció los principios de las aspiradoras y la presión del aire. Creció como católico romano, pero en 1654 tuvo una visión religiosa de Dios, lo que cambió la dirección de su estudio de la ciencia a la teología. En 1656 comenzó a publicar una obra teológica, *Lettres Provinciales*. Su obra teológica más influyente, los *Pensées* («Pensamientos»), era una defensa del cristianismo, publicada después de su muerte. El concepto más famoso de *Pensées* fue la apuesta de Pascal.[6] Sus últimas palabras fueron: «Que Dios nunca me abandone».

Isaac Newton (1642-1727)

Un genio e innovador indiscutible, en toda ciencia (incluida la química), vio las matemáticas y los números como elementos centrales. Lo que no se sabe tanto de él es que era devotamente religioso y que veía los números como involucrados en la comprensión del plan de Dios para la historia a partir de la Biblia. Hizo un trabajo considerable en la numerología bíblica, y aunque algunos aspectos de sus creencias no eran ortodoxos, creía en la importancia de la teología. En su sistema de física, Dios era esencial para la naturaleza y la absolutidad del espacio. En su *Principia*, afirmó: «El sistema más hermoso del sol, los planetas y los cometas solo podría proceder del consejo y el dominio de un Ser inteligente y poderoso».

Robert Boyle (1791-1867)

Uno de los fundadores y primeros miembros clave de la Royal Society, Boyle dio su nombre a la «ley de Boyle» para los gases, y también escribió un importante tratado sobre química. La *Enciclopedia Británica* dice de él:

Por su voluntad, dotó una serie de conferencias o sermones, que aún continúan, «probando la religión cristiana contra infieles notorios...». Protestante devoto, Boyle puso un interés especial en promover la religión cristiana en el extranjero, donando dinero para traducir y publicar el Nuevo Testamento en irlandés y turco. En 1690 desarrolló sus puntos de vista teológicos en *The Christian Virtuoso*, que escribió para mostrar que el estudio de la naturaleza era un deber religioso central.

Boyle escribió contra los ateos en su día (la noción de que el ateísmo es una invención moderna es un mito), y fue claramente mucho más devotamente cristiano que los escritores promedio de su época.

Michael Faraday (1791-1867)

Hijo de un herrero, Michael Faraday llegó a ser uno de los más importantes científicos del siglo diecinueve. Su trabajo sobre la electricidad y el magnetismo no solo revolucionó la física, sino que influyó en muchas de las tecnologías de las que dependemos hoy (incluidas las computadoras, las líneas telefónicas y, por lo tanto, los sitios web). Faraday fue un devoto cristiano miembro de los sandemanianos, quienes lo influenciaron significativamente, lo que afectó con fuerza la forma en que estudió e interpretó la naturaleza.

Gregor Mendel (1822-1884)

Mendel fue el primero en establecer los fundamentos matemáticos de la genética, en lo que se llamó el «mendelianismo». Fue elegido abad de su monasterio en 1868. Su obra permaneció comparativamente desconocida hasta el cambio de siglo, cuando una nueva generación de botánicos comenzó a encontrar resultados similares y lo «redescubrió» (aunque sus ideas no eran idénticas a las de Mendel). Un punto interesante es que la década de 1860 fue notable por la formación del Club X, que estaba dedicado a disminuir las influencias religiosas y a propagar una imagen de «conflicto» entre ciencia y religión. Un simpatizante fue Francisco Galton, primo de Darwin, cuyo interés científico era la genética (que defendía la crianza selectiva de la eugenesia entre los humanos para «mejorar» el *stock*). Estaba escribiendo cómo la «mente sacerdotal» no era propicia para la ciencia, mientras que, al mismo tiempo, un monje austríaco estaba haciendo grandes avances en genética. El redescubrimiento del trabajo de Mendel llegó demasiado tarde para afectar la contribución de Galton.

William Thomson Kelvin (1824-1907)

Kelvin fue el principal entre el pequeño grupo de científicos británicos que ayudó a sentar las bases de la física moderna. Era un cristiano muy comprometido, sin duda más religioso que el científico promedio en su época. Curiosamente, sus colegas físicos George Gabriel Stokes (1819-1903) y James Clerk Maxwell (1831-1879) también fueron hombres de profundo compromiso cristiano, en una época en la que muchos eran nominales, apáticos o anticristianos. Lord Kelvin fue un creacionista de la Vieja Tierra.

Max Planck (1858-1947)

Planck hizo muchas contribuciones a la física, pero es mejor conocido por la teoría cuántica, que revolucionó nuestra comprensión de los mundos atómico y subatómico. En su conferencia de 1937: «Religión y las ciencias naturales» afirmó que Dios está presente en todas partes, y que «la santidad de la Deidad ininteligible es transmitida por la santidad de los símbolos». Planck fue un coadjutor de iglesia desde 1920 hasta su muerte. Creía en un Dios todopoderoso, omnisciente y caritativo, aunque no necesariamente un Dios personal.

Albert Einstein (1879-1955)

Einstein es probablemente el científico más conocido y altamente reverenciado del siglo veinte, y se le asocia con grandes revoluciones en nuestro pensamiento acerca del tiempo, la gravedad y la conversión de la materia en energía ($E=mc^2$). Aunque nunca llegó a creer en un Dios personal, reconoció la imposibilidad de un universo no creado.

CIENTÍFICOS CONTEMPORÁNEOS QUE CREEN EN EL DISEÑO INTELIGENTE

Hoy en día, hay varios científicos y filósofos que observan la complejidad del diseño y una vez más creen en el diseño inteligente; se incluyen los siguientes:

Michael Behe, quien ha desarrollado el argumento para el diseño desde la bioquímica, y ha publicado más de treinta y cinco artículos en revistas bioquímicas referidas.

Ralph Seelke, microbiólogo de la Universidad de Wisconsin-Superior, que ha investigado en el laboratorio las ideas del doctor Behe, utilizando bacterias mutantes.

Scott Minnich, microbiólogo de la Universidad de Idaho, que utiliza el paradigma del diseño para alcanzar nuevos conocimientos en su investigación de laboratorio.

Wolf-Ekkehard Lönnig, un genetista alemán que sugiere que el diseño inteligente proporciona consejos fructíferos para la investigación de la *jirafa*.[7]

El profesor Richard Smalley (1943-2005), ganador del Premio Nobel de Química en 1996, quien ha declarado públicamente que, basándose estrictamente en argumentos científicos, está convencido de que la evolución es imposible y que la carga de la prueba recae en quienes dudan de la narrativa del Génesis.

Guillermo González, astrónomo que ha abierto una nueva frontera para el paradigma del diseño inteligente con sus argumentos de la cosmología.

Sir Fred Hoyle (1915-2001), astrónomo inglés, matemático; sostuvo que cualquier científico que haya estudiado el origen de la vida con una mente imparcial debe concluir que «los biomateriales con su sorprendente medida u orden deben ser el resultado de un diseño inteligente. No hay otra posibilidad en la que yo haya podido pensar».[8]

Algunos han tratado de resolver el problema de la evolución mediante la teoría llamada *evolución teísta*. Una de esas personas fue Teilhard de Chardin, un filósofo idealista francés y sacerdote jesuita que recibió entrenamiento como paleontólogo y geólogo, y participó en el descubrimiento del hombre de Pekín. El problema con la evolución teísta es que la teoría de la evolución de Darwin estuvo dirigida por la selección natural, y de ninguna manera por Dios. La evolución teísta hace que Dios, más que la selección natural, sea el diseñador que tiene un propósito. Esta no es la comprensión científica primaria de la evolución.

Me resulta más fácil, cuando considero la complejidad del universo y de la célula humana, creer en un diseñador inteligente, creer en un legislador para las leyes naturales y alguien que puede usar leyes más elevadas, aún no conocidas por la ciencia, para trabajar en su creación. Esta comprensión hace que los milagros no sean violaciones de la ley natural, sino la utilización de leyes superiores. Por ejemplo, la ley de la aerodinámica desplaza la ley de la gravedad, haciendo que el metal vuele. Yo necesito menos fe para creer en Dios como un diseñador inteligente que ha creado no solo leyes para gobernar la naturaleza, sino también leyes morales para gobernar la sociedad y la vida de la familia. Creo que el Creador nos ha dejado un manual para ayudarnos a entender cómo debemos vivir de tal manera que no seamos autodestructivos ni socavemos la sociedad.

En el próximo capítulo volveremos nuestra atención de la ciencia a la filosofía, teniendo en cuenta su impacto en la Ilustración y el escepticismo resultante.

CAPÍTULO 8

FILOSOFÍA Y TEOLOGÍA

No solo los científicos naturalistas intentaron deshacerse de las restricciones del cristianismo durante la Era de la Ilustración, también lo hicieron los filósofos. Ya hemos considerado a Voltaire, que más que un filósofo, fue un crítico satírico del cristianismo y de las instituciones sociales. Otros dos filósofos destacados son David Hume y Ludwig Fuerbach.

David Hume (1711-1776) es considerado como uno de los filósofos más influyentes del mundo occidental. Su influencia contribuyó a la teología racional de los teólogos alemanes en la Era de la Ilustración, una teología basada en la presuposición filosófica de que los milagros no han sucedido y no suceden. El argumento de Hume contra los milagros, sin embargo, es circular. Se basa en la suposición de que los milagros no se han producido y no ocurren.

La comprensión y definición de los milagros, según Hume, se aparta de la comprensión bíblica de los milagros y, por su definición, son imposibles, una vez más, basado en el razonamiento circular. En apoyo a su postura, decía que incluso si hubiera evidencia creíble de que había ocurrido un milagro, uno no debería creerlo, y nunca debería confiar en el informe de una persona que haya afirmado haber visto o experimentado un milagro. También tenía una comprensión secular de la naturaleza que eliminó a Dios.

Hume notó que no había muchos testimonios de milagros que estaban ocurriendo. En su tiempo esto era mucho más cierto de lo que es hoy. En el siglo veintiuno, a diferencia del siglo dieciocho, hay cientos de miles de reportes sobre milagros. Hume también notó en su día que los testimonios eran de personas sin educación en lugar de educadas. Hoy hay muchos académicos con doctorados, médicos y otros grados que afirman haber presenciado milagros. Hume creía que todo lo que sucedía podía explicarse de una manera naturalista sin referencia a Dios. Él, definitivamente no era cristiano; tampoco era un teísta. En el mejor de los casos, era un deísta suave, pero hay quienes creen que era ateo.

Su sistema filosófico no era popular cuando escribió por primera vez, y tuvo, en su momento, un fuerte rechazo por parte de la academia de Gran Bretaña. Solo más tarde sus opiniones se hicieron populares. Con el tiempo, sus puntos de vista se harían muy influyentes sobre la Ilustración; e incluso en la historiografía al hacer que los escritores de la historia no aceptaran como verdadera cualquiera cosa que pareciera violar las leyes conocidas de la naturaleza. Según Hume, estas historias, cuentos, leyendas o mitos, como se los mencionaba, no podían haber ocurrido, simplemente porque no podían suceder en función de la comprensión de la realidad que él tenía. También la teología alemana reflejaría más tarde esta visión. Todas las cosas sobrenaturales se verían como carentes de base en la realidad; simplemente no había forma de que ocurrieran; por lo tanto, según Hume, no deberían ser aceptadas como verdaderas. Esto dio lugar a una teología liberal que rechazaba todos los testimonios de milagros, incluso aquellos que la Biblia atribuye a Jesús. Con el tiempo, casi todas las escuelas teológicas y universidades cristianas en Europa y en Estados Unidos mantuvieron esta visión o una forma de este punto de vista.

Es triste que la visión cesacionista del protestantismo en los días de Hume haya fortalecido su argumento, ya que casi no había reportes sobre milagros en el protestantismo de su tiempo. Su argumento habría sido mucho menos persuasivo si el pentecostalismo y la forma carismática del cristianismo, que tiene tantos casos de sanidades y milagros, hubieran existido en la época de Hume. El doctor Craig Keener, uno de los principales comentaristas de la Biblia de habla inglesa del siglo veintiuno, señala esto en su obra de dos volúmenes *Miracles* [Milagros].[1]

Ludwig Feuerbach (1804-1872), un defensor del ateísmo, del liberalismo y del materialismo, fue un alemán que estudió con Hegel. La filosofía de Feuerbach se puede resumir con la máxima «solo lo racional es real», lo que significa que toda la realidad puede expresarse en categorías racionales. Su objetivo era reducir la realidad a una unidad más sintética dentro del sistema del idealismo absoluto.

En 1941, Feuerback publicó su *The Essence of Christianity* [La esencia del cristianismo], que influyó más tarde tanto en los teólogos alemanes como en los políticos. Él creía que la cultura occidental y sus instituciones, incluido el cristianismo, serían reemplazados, y que el cristianismo en sí había pasado de la razón y de la vida real de la humanidad, quedándose nada más que como una idea fija. Dios, enseñaba, no era más que la autoproyección de nuestra creación humana. En lugar de que Dios nos haya hecho, nosotros hicimos a Dios. Para Feuerbach, Dios era más una fuerza impersonal, una ley, una cualidad, como el amor. Creer que Dios tenía una existencia separada de la humanidad era una creencia o religión falsa. Por lo tanto, Feuerbach no creía en la revelación divina, y alegó que la Cena del Señor era una superstición materialista y contribuía a la inmoralidad. Su filosofía intentaría explicar los fenómenos espirituales desde una perspectiva naturalista puramente humana.

El ateísmo materialista de Feuerbach tuvo una fuerte influencia sobre Karl Marx y Friedrich Engels, los fundadores del comunismo. Su influencia solo en estos hombres tendría terribles consecuencias para Europa. Ellos, como Feuerbach, negarían cualquier cosa que no fuera material. En 1868, Feuerbach leyó *El Capital*, de Marx, y se unió al Partido Social demócrata, uno de los primeros partidos de influencia marxista en el mundo.

EL IMPACTO DE LA ILUMINACIÓN
SOBRE LA TEOLOGÍA[2]

Es importante recordar que, durante la Ilustración, la base de la autoridad religiosa experimentó un cambio similar a un terremoto de placas tectónicas. La autoridad religiosa pasó de la base protestante de la autoridad bíblica a la autoridad humana de la percepción y la razón. La Era de la Ilustración generalmente se considera como la línea divisoria en el pensamiento sobre los milagros.[3] Durante este tiempo, cuando había un deseo de verificar por evidencia empírica, había un gran debate entre los apologistas cristianos que eran ellos mismos científicos y el nuevo escepticismo de la Ilustración. Jon Ruthven señala que estos eran científicos famosos que creían que los milagros mismos demostraban la existencia de Dios.

Científicos como «el obispo John Wilkins, fundador de la Royal Society for the Advancement of Science, Sir Robert Boyle, "el padre de la química"... Sir Isaac Newton y el arzobispo Tillotson eran teístas y hoy los llamaríamos partidarios del diseño inteligente».[4] Newton creía que las leyes de la naturaleza eran leyes establecidas por Dios. Cada uno de estos hombres creía que la naturaleza apuntaba a un Creador, y además creían que los milagros en la Biblia, así como las sanidades y milagros contemporáneos, demostraban la existencia de Dios, aunque debe decirse que no hubo tantas sanidades y milagros en este momento como ha habido durante los últimos cien años, y especialmente durante los últimos sesenta años.

Los nuevos apologistas de los años de 1700 y de 1800 creían que la razón podría llegar a la fe en Cristo cuando se dieran a conocer los milagros y los cumplimientos proféticos. Esta creencia fue apoyada por una filosofía que surgió en Escocia, conocida como Scottish Common Sense Realism[5] («Realismo de sentido común escocés»). Un escritor moderno que sigue esta línea de pensamiento es Josh McDowell. Su *Evidencia que exige un veredicto* y *Más evidencia que exige un veredicto* se basan en la filosofía del sentido común, como se le llamaba en el siglo dieciocho.

Contra este nuevo enfoque racional de la fe basado en milagros se alzaron los deístas, que no solo no creían en la revelación divina, sino que intentaron cuestionar los milagros que apoyaban el argumento de la revelación divina. En gran medida, la filosofía se volvió antisobrenatural y anticristiana.

Los argumentos de Hume, ya mencionados, no fueron tan influyentes en su época como lo serían después. Eran ideas repetidas ya presentadas antes de él. Mucho más importante que Hume durante este tiempo fue Conyers Middleton, de quien Hume copió.

La influencia de Conyers Middleton

Conyers Middleton (1683-1750) era un deísta. El título del libro que escribió decía: *Una investigación libre sobre los poderes milagrosos que se supone que han subsistido en la iglesia cristiana desde las edades más tempranas hasta varios siglos sucesivos. Por la cual se demuestra que no tenemos razones suficientes para creer, bajo la autoridad de los padres primitivos, que ninguno de tales poderes continuó en la iglesia después de los días de los Apóstoles.* (En su tiempo, los títulos explicaban el libro y eran larguísimos). Conyers tenía seis razones principales para no creer en los milagros más allá de la edad de los apóstoles:

1. Que [los milagros] eran todos de tal naturaleza, y se realizaban de tal manera, que necesariamente arrojarían una sospecha de fraude y engaño.
2. Que las sanidades y los efectos beneficiosos de ellas eran falsos, imaginarios o accidentales.
3. Que tienden a confirmar el más inocente de todos los errores y supersticiones.
4. Que la integridad de los testigos es altamente cuestionable, o su credulidad al menos tan grosera, que los hace indignos de cualquier crédito.

5. Que no solo eran vanidosos e innecesarios, sino generalmente hablando, tan insignificantes también, que no suscitan más que desprecio.

6. Que la creencia y la defensa de ellos son los únicos medios en el mundo que pueden apoyar, o que de hecho dan algún tipo de semblante, a las imposturas modernas en la Iglesia Romana.[6]

John Wesley interpretó el ataque de Middleton contra los milagros de la Iglesia Católica Romana como un ataque al cristianismo. Middleton, al igual que B. B. Warfield en el siglo veinte, usaría en gran medida el argumento de asignación de carácter que los abogados del estado usan contra los testigos de la defensa, y viceversa. Los seis puntos anteriores estaban llenos de esfuerzos para desacreditar la confiabilidad de los testigos históricos de sanidades, señales y prodigios, y los milagros que ocurren en la historia de la iglesia.

Middleton también usaría los argumentos histórico-críticos de los teólogos alemanes recientemente desarrollados que negaban todo lo que era sobrenatural. Esta visión de la historia se basaba en la presuposición de que los milagros eran imposibles; por lo tanto, tenían que ser explicados. Al principio, esto se hizo ofreciendo una explicación naturalista, no sobrenatural, y más tarde se dio a los relatos una interpretación legendaria o mítica.

La influencia de B. B. Warfield

En el siglo veinte, B. B. Warfield (1851-1921) escribió *Counterfeit Miracles* [Milagros falsificados]. En mis cursos de estudios religiosos universitarios se me dijo que «*Counterfeit Miracles* de Warfield fue el último clavo en el ataúd de la creencia en la continuación de los milagros». Warfield, al igual que sus predecesores, atacó a los testigos que aseguraban que los milagros habían sucedido o estaban sucediendo. También utilizó los argumentos que los teólogos liberales usaron para desacreditar los milagros en la Biblia, para desacreditar los milagros de la era posapostólica. Aunque

Warfield aceptó la historicidad de los milagros bíblicos, rechazó los mismos argumentos que utilizó para desacreditar los milagros posapostólicos. Por lo tanto, su método histórico era inconsistente internamente, invalidando así la mitad de su argumento contra los milagros que continúan después de la canonización de la Biblia. El terreno se estaría preparando para nuevos ataques a la dimensión sobrenatural de la fe cristiana.

AQUÍ VIENEN LOS LIBERALES

Ernst Troeltsch (1865-1923)

Troeltsch escribió *The Historical Challenge to Miracles* [El desafío histórico a los milagros]. La objeción de Troelstch a los milagros: el principio de la analogía histórica. En esencia, este principio establece que el historiador no tiene derecho a aceptar como hecho histórico el relato de un evento pasado para el cual no tiene analogía en el presente.

Considere este ejemplo: si uno fuera a leer acerca de una gran batalla en la antigüedad, en la que un ejército masacra a otro sin sufrir una sola baja, se podría dudar de su autenticidad.

Entonces, el argumento en contra de los milagros dice: «Dios nunca hace milagros hoy, al menos yo nunca he visto uno. Por lo tanto, no tengo ninguna razón para creer que los haya hecho en el pasado». Hoy, este argumento de la analogía realmente probaría la realidad de los milagros en lugar de desacreditarlos. Los cristianos pentecostales, carismáticos y los de la Tercera Ola han revertido el contexto con respecto a la analogía de los siglos dieciocho y diecinueve cuando había tan pocos milagros en comparación con el siglo veintiuno. La falta de milagros en los siglos precedentes se debió a que el protestantismo cosechó lo que sembró. Su teología cesacionista fue la razón de su escasa experiencia de lo sobrenatural.

Rudolf Bultmann (1888-1976)

Troeltsch sería seguido por Rudolf Bultmann, quien escribió la *Theology of the New Testament* [Teología del Nuevo Testamento], volumen

1, en 1951, y el volumen 2 en 1955. Bultmann creía que el pensador moderno no podía abrazar la cosmovisión del Nuevo Testamento o creer en los milagros. Él dijo: «Si usas una bombilla, no puedes creer en los milagros».

Paul Tillich (1886-1965)

Paul Tillich fue otro famoso teólogo que negó el aspecto milagroso del cristianismo. Mientras iba a la universidad, leí su *Systematic Theology* [Teología sistemática]. Me horrorizó que él declarara que su fe no sería destruida si se descubriera que Jesús realmente no había resucitado de entre los muertos. La lectura de Tillich destruyó la fe de uno de mis mejores amigos y compañeros en estudios religiosos de la universidad. Dejó el ministerio habiendo perdido su fe específicamente en sus estudios. También fue perjudicial para mi fe. Llevaría años superar este tipo de enseñanza en mi vida. Lo que más ayudó fue ver a Dios liberar a las personas de los demonios y sanar sus cuerpos. Más tarde, sería testigo no solo de sanidades, sino de milagros, y conocería a personas resucitadas de entre los muertos, como se mencionó en la primera parte de este libro.

Van A. Harvey (1926-)

Van Harvey escribió *The Historian and the Believer* [El historiador y el creyente]. Este fue el libro que tuve que leer en el último año de mi programa de maestría en Divinidades en un seminario bautista que me abrió los ojos a las presuposiciones sobre las cuales se basó casi todo el trabajo de mi nivel universitario y de maestría. Me di cuenta de que el método crítico superior que me habían enseñado a usar para interpretar la Biblia se basaba en una comprensión de la historia que no permitía lo sobrenatural, algo que comenzaba con la suposición de que los milagros no pueden ocurrir ni han ocurrido.

Decidí que no creía esta suposición, pero sí creí, y no solo creí, sino que *supe*, que la sanidad y los milagros ocurrían porque yo había sido sanado. Entendí que esta suposición no permitía que el futuro se conociera proféticamente y, por lo tanto, rechazaba las profecías diciendo que fueron escritas durante o después de los eventos descritos como futuros. Entendí cómo esto había afectado la configuración de la fecha de ciertos libros en la Biblia. Me di cuenta de que me habían enseñado un sistema de teología cuyas suposiciones básicas con respecto a lo que era posible y lo que no estaban en absoluto desacuerdo con mis propias creencias.

Harvey Cox (1929-)

Harvey Cox, otro teólogo influido por el liberalismo, escribió en 1965 *The Secular City* [La ciudad secular]. El título del libro se basa en su observación de que las principales iglesias en las ciudades estaban viendo disminuir considerablemente su asistencia. A estas grandes iglesias, una vez con una asistencia espectacular, estaba asistiendo ahora un puñado cada vez menor de feligreses. Y Cox concluyó que las ciudades se volverían seculares porque las iglesias no podrían llegar a los ciudadanos seculares en las ciudades. Solo las comunidades rurales se mantendrían fieles a la fe cristiana. Cox probablemente creía, con Bultmann, que las personas modernas ya no tendrían fe en el cristianismo, o al menos no tendrían fe en una comprensión sobrenatural del cristianismo.

En 1995, después de varios años de viajar por el mundo investigando las iglesias pentecostales y carismáticas, Cox escribió *Fire from Heaven: The Rise of Pentecostal Spirituality and the Reshaping of Religion in the 21st Century* [Fuego del cielo: El surgimiento de la espiritualidad pentecostal y la reformulación de la religión en el siglo xxi]. Este libro fue un reconocimiento de que su primer libro, tan aclamado por otros como profético, de hecho había sido erróneo. Cox había subestimado el poder de las iglesias pentecostales en las ciudades en la década de 1960. Las ciudades del mundo, en lugar de volverse más seculares, se estaban volviendo más abiertas a lo espiritual, especialmente a la forma pentecostal-carismática del cristianismo.

Esto me recordó a San Agustín. Él, también, cuando era joven en el ministerio, había hecho declaraciones negativas sobre la sanidad y los milagros en su época. Sin embargo, cuando fue mayor, en su famoso libro *La ciudad de Dios* incluyó una sección titulada «Retractación». Allí admitió haber sido conocedor de muchos milagros y sanidades que estaban ocurriendo en su obispado. Además, conocía a otros obispos que también seguían viendo sanidades y milagros. Agustín no sería el primero ni el último pastor o teólogo en revertir su opinión sobre la sanidad y los milagros.

CAPÍTULO 9

DESACREDITANDO LO MILAGROSO

Cuando alguien está en una situación imposible, con un pronóstico categórico y sin ninguna esperanza médica, y luego se ora y la persona se sana, ¿cómo muchos en el campo de la medicina o los naturalistas llamarían a eso? Sin duda que no van a usar la palabra *milagro* ni *sanidad*. Su razonamiento y su cosmovisión no les permitirían tal afirmación. Su dogmatismo filosófico no podría aceptar lo obvio. En su lugar, lo llamarían algo así como «remisión espontánea» de la enfermedad. O una «anomalía». La reacción a menudo es: «Debe haber habido un diagnóstico erróneo», culpando al equipo médico, que seguramente hizo una lectura falsa. O: «No podemos explicar eso ahora, pero algún día podremos dar una explicación naturalista de por qué la persona se sanó tan rápidamente. No entendemos el poder de la mente». Y sí, al poderoso placebo se le dio toda la gloria. Incluso cuando faltan las condiciones necesarias y propicias para que funcione el efecto placebo, el placebo de las brechas obtiene la gloria.

Y el hecho de que la salud de la persona parece haber mejorado después o durante la oración, «fue solo una coincidencia». Es sorprendente la cantidad de «coincidencias» que he visto y he escuchado de otros.

La única cosa que realmente me irrita es cuando tienes una sanidad que está definitivamente relacionada con una oración, se lo cuentas a tu médico, le dices que a pesar de los mejores esfuerzos médicos no pudiste recuperar la salud y luego, en unas cuantas horas de oración recibiste la sanidad, y tu médico no lo deja registrado en tu expediente. Esto ocurrió dos veces en mi vida. El doctor no hizo ninguna anotación, incluso después de haber sido muy explícito al explicarle la conexión entre la oración, el momento en que se oró y el momento en que se produjo la sanidad.

En este capítulo consideraremos cómo los milagros han sido y son interpretados por aquellos que tienen una cosmovisión filosófica, una comprensión de la realidad, que permite los milagros. Estos teólogos conservadores se dividen en dos bandos: el continuista y el cesacionista. Consideraremos la base bíblica para ambas posiciones.

LA DEFINICIÓN BÍBLICA Y LOS ARGUMENTOS DE LOS CRISTIANOS CONSERVATIVOS

La definición bíblica de un milagro es bastante diferente de la científica. Nuestra comprensión moderna de un milagro es que no puede haber ocurrido a través de algún medio natural. Debe ser instantáneo y debe ser cien por ciento. Si ha habido algún otro tratamiento que pudiera afectar la definición de milagro, entonces no podría haber sido un milagro, porque podría haberse tratado de una demora en el efecto de la medicina o el tratamiento. La Biblia ve lo milagroso más desde una perspectiva de tiempo. Si la respuesta viene en relación con la oración, incluso si pudiera haber una explicación natural, entonces es un milagro, porque se considera que Dios trabaja tanto en la naturaleza como por encima de la naturaleza. El problema es el momento en que ocurre la señal, la maravilla, la sanidad o el milagro.

Por ejemplo, durante una terrible sequía en el sur de Texas, un miembro de la junta de mi ministerio, Richard Holcomb, creyó que Dios le había dicho que, dentro de algunos meses y para una fecha determinada caerían varias pulgadas de lluvia. En Kerrville, Texas, en 2002, había llovido muy poco durante cuatro meses (febrero-mayo) y era una estación seca.[1] El 1 de junio de 2002, Richard oyó que Dios le decía: *«Ora para que al menos 17,2 pulgadas de lluvia caigan en junio y julio»*. No había precedentes de esta cantidad de lluvia en esos meses en Texas, ya que históricamente son meses muy secos. Sin embargo, Richard obedeció y el Departamento de Agricultura de Texas informó el 1 de agosto de 2002 que entre el 1 de junio y el 31 de julio habían caído 24,23 pulgadas de lluvia.

¿Cómo entienden o explican los cristianos conservadores lo que parece ser un milagro? Quienes creen en los milagros hoy dicen que o lo hizo Dios, o uno de los ángeles de Dios, o Dios a través de uno de sus siervos humanos. Los que no creen en los milagros actuales o en los dones milagrosos del Espíritu Santo explican que lo hizo el diablo, o uno de sus ángeles, o que el diablo o un demonio lo hizo a través de un sirviente humano. Un ejemplo de esta mentalidad sería Simón el mago, el Grande de Samaria. Sin embargo, cuando vio el poder de Dios trabajando a través de Felipe, dejó el reino de las tinieblas para convertirse en parte del reino de la luz.

He sido testigo de dos modernos «Simones». Ambos de Mozambique. Uno de ellos era el médico brujo más famoso de la ciudad de Beira y sus alrededores. El otro era el hechicero más famoso del norte de Mozambique. Este andaba con serpientes venenosas colgando del cuello. Ambos entregaron sus vidas a Jesús cuando se encontraron con la doctora Heidi Baker. La compañera del primer brujo era sorda. Cuando aceptaron a Jesús, sanó de su sordera al bautizarse.

Agustín tenía mucho que decir sobre el bautismo en el Espíritu Santo y los carismas del Espíritu. En relación con el bautismo en agua, afirmó: «No debemos pensar que aquellos que han recibido un bautismo válido han recibido automáticamente [*a continuación*] el Espíritu Santo».[2] La cita de San Agustín, en contexto, se refiere al bautismo en el Espíritu

Santo. Cuando el cristianismo se convirtió en la religión oficial del imperio, se redujeron los estándares para ser aceptados a la vez que el grado de sinceridad se relajó. Con estos cambios, la expectativa de que los carismas se dieran, e incluso se manifestaran en el bautismo, se hizo cada vez menor.

Cuando se produjo la Reforma, la Iglesia Católica enfrentó a Lutero con el argumento de que todavía ocurrían milagros dentro de ella, con lo cual intentaba demostrar que su doctrina era correcta. Lutero, entonces, adoptó el cesacionismo como defensa de su postura anticatólica y como base para poner toda la autoridad solo en la Biblia. Esto lo obligó a dar crédito a la fuente de los milagros después del cierre del canon a los milagros falsos en el mejor de los casos y a la actividad demoníaca en el peor. Los únicos milagros verdaderos fueron los de la Biblia; no hubo milagros después del cierre del canon.[3]

Hoy día, los seguidores de Juan Calvino son más cesacionistas que él. Calvino creía que si alguien iba a una región donde no había iglesia, podría esperar ver milagros y sanidades mientras no se estableciera allí una iglesia. Los milagros y las sanidades cesarían entonces en esa región.

El doctor Robert Culpepper, un exprofesor de teología de la junta misionera extranjera de los Bautistas del Sur, escribió que una vez había sido cesacionista. Sin embargo, había cambiado su posición debido a su experiencia y se había dado cuenta de que, bíblicamente, estaba equivocado.[4]

LO QUE LOS CRISTIANOS CESACIONISTAS Y LOS CONTINUISTAS CREEN SOBRE LOS MILAGROS

Los cesacionistas (de la palabra *cese*) creen que los dones de sanidad, los milagros, las profecías, las lenguas y la interpretación de lenguas terminaron con la canonización de la Biblia, o con la muerte de los últimos apóstoles, o con la muerte de los discípulos de los últimos apóstoles. Es posible ver, por las múltiples opciones de cuándo los dones antes mencionados cesaron, que hay opiniones variadas dentro del campo cesacionista. Obviamente, este grupo no creía en la continuación de las señales, las maravillas o los milagros después de la edad apostólica. Sin embargo, no rechazan las señales y las maravillas, las sanidades y los milagros, sobre la base del naturalismo o del materialismo. No, sino que el rechazo se basa en razones teológicas.

El cesacionista cree que los milagros y las sanidades se dan para autenticar y vindicar la verdadera doctrina, y que fueron realizados por los apóstoles. La Biblia fue escrita principalmente por apóstoles o por quienes conocieron personalmente a alguno de los apóstoles. Si las señales y prodigios, las sanidades y los milagros ocurrieran a través de alguien hoy, entonces esta persona podría pretender ser un apóstol y, por lo tanto, podría escribir las Escrituras hoy. Esto significaría que la Biblia no estaría cerrada, sino que se le podrían seguir añadiendo nuevos libros. Dado que los cesacionistas creen que el canon de la Escritura está cerrado, entonces nadie puede tener dones de sanidad hoy.

Los continuistas, por otro lado, creen que los dones de sanidad, los milagros, la profecía, las lenguas y la interpretación de lenguas han continuado en el mundo y en la iglesia. También creen, sin embargo, que la Biblia ya se terminó de escribir y que nada se agregará a ella. Por lo tanto, cualquier sanidad y milagros que vemos todavía son hoy lo que el apóstol Juan llamó en su evangelio: «señales».

Estas señales y maravillas apuntan al regreso de Jesús para establecer su dominio sobre la tierra. Están presentes porque en su primera venida, Jesús inauguró el reino de Dios. Es tanto presente como futuro. Está aquí, pero no en su forma completa. Hasta entonces vivimos en el ahora y en el todavía no. No todos son sanados, y no lo serán hasta la segunda venida de Jesús. Pero las personas están siendo sanadas, por cientos de miles. Jesús dijo que cualquiera que creyere en él haría lo que él había hecho, y haría obras aún mayores (Juan 14.12). Marcos, autor del segundo

Evangelio, escribió que las señales y maravillas seguirían a la predicación del evangelio, que Dios lo confirmó (el evangelio) con señales y maravillas (ver Marcos 16.20).

Tanto los cesacionistas como los continuistas son cristianos que creen que la Biblia es un libro espiritual que revela cómo reconciliarse con Dios y cómo es la naturaleza de Dios. Creen en la historicidad de la Biblia, que todos los milagros que Jesús hizo realmente sucedieron y que no fueron adornos ni mitos legendarios.

Los cristianos liberales también creen que la Biblia revela verdades acerca de Dios y cómo reconciliarse con Él. Sin embargo, no creen en los milagros, ni siquiera en los de la Biblia. Ellos darían a estos milagros una explicación naturalista o los considerarían poco más que historias que revelan verdades espirituales. Irónicamente, he encontrado a menudo que es más fácil para un cristiano liberal cambiar su creencia de que Dios no da sus dones hoy, incluyendo sanidad y milagros, que para un cristiano fundamentalista, creyente en la Biblia, aceptar que esas señales y prodigios, sanidades y milagros, y los dones del Espíritu suceden hoy. Este último grupo explica la aparente sanidad o milagro como una señal y una maravilla ejecutada por el diablo.

Los grupos de protestantes que creen con más fuerza en las señales y prodigios, sanidades y milagros hoy día son los pentecostales y los carismáticos. Estos grupos conforman la comunidad de cristianos más grande y de más rápido crecimiento en el mundo de hoy. Donde la Iglesia Católica está creciendo más rápidamente es también entre los católicos carismáticos. El papa Francisco I es carismático, como lo es el nuevo arzobispo de la Iglesia Anglicana, Justin Welby. El arzobispo Welby cree que la esperanza de reevangelizar Europa está conectada con el evangelismo de poder.[5] El evangelismo de poder depende del poder del Espíritu de Dios para funcionar hoy como lo hizo en el tiempo de Jesús y en los primeros siglos de la iglesia.

En los apéndices que siguen, encontrará muchas referencias a señales y prodigios, sanidades y milagros, así como a otros términos usados en la Biblia que muestran el poder sobrenatural de Dios. Pero luego, veremos las fuerzas que Dios usó para restablecerle a la iglesia una apertura mucho mayor al poder milagroso de Dios, y para que su sanidad y sus milagros ocurran en nuestra era moderna.

CAPÍTULO 10

RECUPERANDO EL MINISTERIO DE SANIDAD

Johann Blumhardt (1805-1880) fue un teólogo y pastor luterano alemán. Había sido entrenado en teología liberal en la Universidad de Tübingen. Fue uno de los primeros protestantes en experimentar sanidad. Después de liberar a una joven y a su hermano que estaban endemoniados, al día siguiente estalló un avivamiento. Cuando la noche anterior el demonio salió del cuerpo de aquellos jóvenes, lo hizo chillando: «¡Jesús es Vencedor!». Este grito se convirtió en el tema de Blumhardt. Las sanidades pronto estallaron en su ministerio. Tanta gente estaba viniendo a Cristo y tantos fueron sanados que la gente acudía en masa a su iglesia desde otras parroquias, y algunos desde bastante lejos. Esto causó celos y controversia dentro de las iglesias luteranas en el área. Finalmente, le dijeron a Blumhardt que tenía que dejar de orar por los enfermos. En lugar de eso, renunció, se mudó a un centro de salud y continuó el ministerio de sanidad.

Cuando al teólogo liberal Rudolf Bultmann le pidieron que opinara sobre el ministerio de sanidad de Johann Blumhardt, dijo que era una «leyenda» y una «abominación» para el protestantismo. No intentó examinar la evidencia; no estudió el ministerio de Blumhardt. Ya había asumido que la sanidad era imposible, por lo que no se molestó en comprobar si su suposición era cierta.[1]

Blumhardt no era la única persona que comenzaba a redescubrir la sanidad en Europa en el siglo diecinueve. Dorothea Trudel, una florista de Suiza, también experimentó sanidad, especialmente para personas con enfermedades mentales. Ella se haría famosa por el don de sanidad asociado con ella. Estos dos europeos serían determinantes para el desarrollo de lo que se conoció en Estados Unidos como el *Movimiento de sanidad por fe*.

Un médico homeópata, Charles Cullis (1833-1892), cruzaría el Atlántico para visitarlos, y regresaría a Estados Unidos para comenzar los cuartos de sanidad. Andrew Murray (1828-1917), un famoso escritor de devocionales cristianos, visitaría una casa de sanidad de la fe en Londres, dirigida por W. E. Broadman, donde sanaría de un problema de garganta que le impidió hablar desde 1879 hasta 1881. Antes de su sanidad se había encontrado con Otto Stockmayer, discípulo y sucesor de Dorothea Trudel. Aunque Murray había sido entrenado como un cesacionista reformado holandés, una vez que fue sanado tuvo que enseñar y escribir sobre la sanidad.

A. B. Simpson (1843-1919), entrenado como cesacionista presbiteriano, sería sanado de una enfermedad cardíaca que lo amenazaba con tener que renunciar al ministerio. A. J. Gordon (1836-1895), entrenado como bautista, también se convertiría en un líder en el desarrollo del movimiento de sanidad de fe. Era un pastor erudito que leía su Nuevo Testamento en griego todas las mañanas. Su libro *The Ministry of Healing* [Ministerio de sanidad] se convertiría en un clásico. B. B. Warfield escribió un capítulo completo en *Counterfeit Miracles* [Milagros falsificados] relacionado con los argumentos de Gordon. Hubo muchos otros dedicados a dar nacimiento al movimiento de sanidad por la fe, que habría de convertirse en el tema más controversial en el cristianismo de Estados Unidos desde 1875 hasta 1900.[2]

Tenga en cuenta que esto ocurrió veinticinco años completos antes del nacimiento del pentecostalismo. El ministerio de sanidad no fue un desarrollo pentecostal, pero los pentecostales fueron los primeros en enfatizar los «dones» de sanidad, no contentos con limitar la sanidad a las promesas de Dios en las Escrituras, que era el énfasis del movimiento de sanidad de fe. De nuevo en el siglo veintiuno, los eruditos que una vez fueron liberales, que previamente negaron los milagros, han tenido su propia experiencia de necesitar defender ahora la sanidad y los milagros.

Si bien podría nombrar a muchos teólogos y pastores que también fueron usados para restaurar la fe en la sanidad física, el espacio no me permite ese lujo. Solo me referiré a dos de ellos. Craig Keener (1960-), a quien mencioné anteriormente, es un erudito bautista, enseñando actualmente en el programa de doctorado del Seminario Teológico Asbury. Keener escribió lo que creo que es el mejor libro sobre sanidad y milagros del siglo veintiuno, en el que también explica la debilidad del argumento de David Hume y sus seguidores.[3]

Andrew Park fue mi mentor en el programa de doctorado en el Seminario Teológico Unido. Hubo una época en que fue el teólogo más liberal en el seminario. Él es uno de los teólogos de procesos más famosos del mundo. Sin embargo, durante el tiempo en que fue el mentor de mi grupo de doctorado experimentó una profunda transformación, al punto que hoy día es un gran defensor de la sanidad y de los milagros. Otros profesores en el seminario han tenido una transformación similar en términos de creencias con respecto a la sanidad y a los milagros. El doctor Park y el decano académico del seminario, el doctor David Watson, han tenido sus propias experiencias de ver personas sanadas cuando oraban por ellas con imposición de manos.

EL PODER DE DIOS EN SEÑALES Y PRODIGIOS

La facilidad con que encontramos evidencia del poder de Dios tocando vidas cotidianas en las Escrituras debería llenarnos de esperanza, ya que sabemos que Jesús es el mismo ayer y hoy y por los siglos (Hebreos 13.8). Y en ninguna parte vemos eso más claramente que en el escrito de la vida de la iglesia primitiva, el libro de los Hechos. Jack Deere, en su libro *Surprised by the Voice of God* [Sorprendido por la voz de Dios] afirma que, en cada capítulo de Hechos, excepto en el número 17, vemos un ejemplo de, o una referencia, a la comunicación reveladora sobrenatural de Dios a sus siervos.[4] Y que esta actividad no ocurrió solo con aquellos que consideramos apóstoles, ya que vemos poderosas señales y prodigios ocurriendo a través de personas «ordinarias» como Felipe, Esteban, Bernabé, Agabo y, más notablemente, Ananías, a quien se refiere simplemente como «un discípulo» (Hechos 9.10-19). Este Ananías, de quien si Dios no le hubiese hecho un encargo específico no habríamos sabido nada, recibió una encomienda del Señor para que fuera a encontrarse con Saulo, orara por él para que volviera a ver y le impusiera las manos para que recibiera el Espíritu Santo. Su renuencia inicial es comprensible dados los intentos homicidas de Saulo, pero aun así obedeció y abrió la puerta para que surgiera mucha más revelación a través de los escritos de los que Pablo fue autor. En Hechos 10, Dios le comunicó a un hombre inconverso, de nombre Cornelio, que buscara a Pedro, quien le llevaría un mensaje por el cual alcanzaría la salvación.

Las señales y prodigios son una ocurrencia normal en el reino de Dios, y aparecen en una variedad de textos del Nuevo Testamento. Quiero animarle a que se tome el tiempo de leer los apéndices para ver por usted mismo cuán llena está la Biblia con el poder sobrenatural de Dios. Que el darse cuenta de la continuación de lo milagroso hoy le haga desear conocer personalmente a este Dios sobrenatural. Que lo aliente a fortalecer su relación con Él, deseando no solo hablar con Él, sino también creer que Él le hablará. Él habla de muchas y diversas maneras; a través de la Biblia mientras el Espíritu se comunica con usted mediante sus historias y sabiduría, teología y doctrinas; a través de profecías y palabras de conocimiento; a través de citas divinas, donde Dios establece una reunión con la persona correcta para decir lo correcto en el momento correcto; y a través de visiones y sueños.

VERIFICACIÓN DE SANIDADES Y MILAGROS

La doctora Candy Brown, profesora de estudios religiosos en la Universidad de Indiana en Bloomington, se está convirtiendo en uno de los investigadores más notables sobre sanidad en el contexto estadounidense. Ha escrito varios libros sobre el tema, uno dedicado al estudio para verificar la sanidad tanto desde el punto de vista médico como cristiano. Titulado *Testing Prayer: Science and Healing* [La oración puesta a prueba: ciencia y sanidad], describe sus esfuerzos con un equipo, tanto en Brasil como en Mozambique, para verificar la sanidad de la vista y la sordera. Tras recibir una beca de la Fundación Templeton para la investigación, trabajó junto a un equipo de investigadores que incluía un médico, un doctor que había participado en investigaciones en la Universidad de Washington en St. Louis, y también un profesor en la Universidad de Indiana, y un reconocido sociólogo de la religión. Su trabajo, «Study of the Therapeutic Effects of Proximal Intercessory Prayer (STEPP, por sus siglas en inglés) on Auditory and Visual Impairments in Rural Mozambique» [«Estudio de los efectos terapéuticos de la oración de intercesión de proximidad sobre las deficiencias auditivas y visuales en Mozambique rural»], fue publicado en el *Southern Medical Journal*.

Unos años antes de que la doctora Brown escribiera *Testing Prayer*, su esposo había ido a Brasil conmigo. Allí vio sanar a varias personas cuando oraba, incluidos dos hermanos, ambos totalmente ciegos, cuyos ojos, en lugar de color café eran blancos; y cientos se sanaron a través de las oraciones de los otros miembros del equipo. Me preguntó si tendría interés en ser uno de los oradores en una conferencia en la Universidad de St. Louis, donde su esposa, Candy, era profesora. Ella había obtenido su doctorado en Harvard. La conferencia se titulaba «Healing: Catholic, Protestant, and Medical Perspectives» [«Sanidad: Católica, protestante y perspectivas médicas»], y era patrocinada por la Escuela de Medicina y la Escuela de Teología de la universidad. Ella sería una oradora, junto con el doctor Francis MacNutt y su esposa, Judith, conocidos católicos en el ministerio de sanidad; un psiquiatra, un teólogo, un profesor de medicina y un capellán de hospital serían los otros oradores. Yo actuaría como el ministro protestante en el panel.

Esta experiencia encendió un fuego en mí con respecto a la necesidad de una mejor verificación de las sanidades relacionadas con la oración. Unos años más tarde patrociné un simposio sobre sanidad en la capilla de la Universidad de Yale. Invité a la doctora Candy Brown y su esposo, el doctor Josh Brown, profesores de la Universidad de Bloomington, Indiana; a John Peteet, profesor asociado de psiquiatría en la Facultad de Medicina de la Universidad de Harvard; al doctor Harold Koenig, psiquiatra y profesor de medicina de la Universidad de Duke, que fue uno de los escritores prolíficos acerca de la relación entre sanidad y espiritualidad en Estados Unidos; al doctor Stephen Mory, un psiquiatra que enseñó en la Universidad de Vanderbilt; y a los doctores Francis y Judith MacNutt, mencionados anteriormente.

En el camino para llevar al doctor Koenig al aeropuerto, le pregunté sobre cómo llevar a cabo estudios de verificación de sanidades. Me dijo que una sanidad verificada necesita ser algo que no puede atribuirse a una remisión espontánea. También tenía que ser algo que pudiera probarse en el lugar donde se llevaban a cabo las reuniones, sin involucrar máquinas de alta tecnología. Sugirió probar la visión con gráficos oculares y probar la pérdida de audición con máquinas que podrían medir los niveles de audición.

Este es precisamente el experimento que hizo la doctora Candy Brown con su equipo financiado por la Fundación Templeton. Probaron la vista y la audición con los métodos sugeridos por el doctor Koenig. El estudio fue publicado en el *Southern Medical Journal*, volumen 103, número 9, en septiembre de 2010. Como lo mencioné anteriormente, se tituló «Study of the Therapeutic Effects of Proximal Intercessory Prayer (STEPP) on Auditory and Visual Impairments in Rural Mozambique» [«Estudio de los efectos terapéuticos de la oración de intercesión de proximidad sobre las deficiencias auditivas y visuales en Mozambique rural»] dirigido por la doctora Candy Brown, el doctor Stephen Mory, la doctora Rebecca Williams y el doctor Michael McClymond.

Este estudio examinó la oración intercesora de proximidad (OIP) como un tipo de terapia alternativa y sus efectos sobre la salud. La OIP describe la oración de proximidad, generalmente con imposición de manos. El equipo utilizó un audiómetro para evaluar la mejoría auditiva y los gráficos de visión para evaluar la mejoría de la vista. Los resultados indicaron mejorías tanto en la audición como en la visión después de la OIP. El propósito del estudio fue verificar si los problemas de vista y oído habían mejorado después de la oración. El equipo de investigadores descartó que los resultados se hayan debido al efecto placebo o a la hipnosis al indicar en los gráficos la probabilidad de ambos sobre los problemas físicos estudiados. Luego, registraron el porcentaje de aquellos que mejoraron sustancialmente, cuya mejoría fue mucho más alta de lo que podría haberse pronosticado estadísticamente con base en el efecto placebo y/o la hipnosis, descartando así los resultados debidos a cualquiera de estos.

Estos estudios se llevaron a cabo en dos de mis viajes ministeriales internacionales en Mozambique y Brasil. En su libro *Testing Prayer: Science and Healing*, Candy hace referencia al Despertamiento Global, a la Red Apostólica de Despertamiento Global y a mí un total de trescientas cincuenta y dos veces. En el libro, que recopiló y contribuyó a *Global Pentecostal and Charismatic Healing* [Sanidad pentecostal y carismática global], escribió un capítulo completo sobre el ministerio de Despertamiento Global y su influencia en muchos lugares del mundo y, específicamente, en el mundo occidental.[5]

CAPÍTULO 11

VERIFICACIÓN DE LAS SANIDADES

Trabajé en mi doctorado en ministerio desde 2011 hasta 2013. Mi tesis se tituló «A Study of the Effects of Christian Prayer on Pain or Mobility Restrictions from Surgery Involving Implanted Materials»[1] [«Estudio de los efectos de la oración cristiana sobre el dolor o las restricciones de movilidad por cirugía que involucra materiales implantados»]. Elegí este tema porque había estado viendo personas que eran sanadas de dolor crónico y restricciones de movilidad, y quería hacer una investigación más exhaustiva de estos tipos de sanidad para tratar de verificar si las sanidades estaban ocurriendo en respuesta a la oración. Y descubrí cómo el campo de la terapia física probaba la mejoría de las condiciones a través del examen del rango de movimiento y la autoinformación de los niveles de dolor.

No solo quería determinar si las personas habían sido sanadas, sino también determinar a través de la investigación si había variables que hubiesen contribuido a la sanidad. Mi investigación determinó que tres variables demostraron ser importantes para la sanidad: (1) una teología personal para la sanidad; (2) entrenamiento en los principios prácticos de la sanidad; y (3) una experiencia previa con sanidad.[2] Me pareció que otras tres variables contribuían también a una mayor probabilidad de sanidad. Estas son: (1) el don del impacto de la palabra de conocimiento sobre una persona para crear mucha más expectativa (fe) para la sanidad; (2) oraciones de mando en lugar de oraciones de intercesión o petición; y (3) la expectativa de sanidad de la persona misma. El estudio mostró que aquellos que habían tenido una mejoría, de al menos el ochenta por ciento, era significativamente mayor que el beneficio de una segunda cirugía, que fue del diez al veinte por ciento.

Las tres últimas variables no pudieron ser probadas en mi estudio, no porque no hayan contribuido a una mayor probabilidad, sino porque la estructura del estudio confundió la evidencia. ¿Qué quiero decir con confundir la evidencia? Lo explico. Este estudio se circunscribió a solo personas con dolor o con pérdida del rango de movimiento de la cirugía donde se habían implantado los materiales en el cuerpo. En estos casos, nunca di palabras de conocimiento. En cambio, tuve una fuerte medida de fe, si no un don de fe, para la sanidad de esta condición. Sin embargo, los últimos treinta y dos años de ministerio me han demostrado, por la experiencia general en mis reuniones, que las palabras de conocimiento tienen un impacto dramático en la probabilidad de sanidad. Debido a que no hubo palabras de conocimiento que precedieran a la oración para las personas con materiales implantados quirúrgicamente, la estructura del estudio imposibilitó verificar el impacto de las palabras de conocimiento para la sanidad del dolor y el grado de movilidad de las personas a las que se les habían implantado materiales quirúrgicamente.

De la misma manera, el único tipo de oración que utilicé desde la plataforma al orar por la sanidad de las personas con esta condición fueron las oraciones imperativas. Por lo tanto, no había forma de comparar los efectos de las oraciones imperativas con los efectos de las oraciones de petición. La estructura del estudio confundió la capacidad de probar esta variable, ya sea que una oración imperativa fuera más efectiva que la oración de petición.

La variable final que se confundió fue la expectativa de sanidad de la persona. Esto también fue objeto de confusión por el hecho de que las personas fueron sanadas a pesar de que, en el estudio, tenían poca o ninguna expectativa de sanidad. Hubo algunos que llegaron a la reunión sin la más mínima expectativa, pero debido a las cosas que ocurrieron en la reunión, desarrollaron expectación. Otros, que habían sido sanados, pero que no habían venido a la reunión esperando ser sanados, recibieron sanidad. Esto creó confusión en la encuesta sobre cómo responder a la pregunta.

LO QUE MI ESTUDIO ME PERMITIÓ DESCUBRIR

En la ciencia existe el entendimiento de que no se puede probar algo; solo se puede refutar algo. Esto se basa en la suposición de que lo que alguien piensa que se ha probado podría luego ser refutado por otra persona. Con esta consideración, la primera suposición o creencia que quise refutar fue la de que nadie estaba siendo sanado en mis reuniones. No me fue difícil refutarlo.

Aunque desde 2009 hasta hoy día he estado ministrando a personas con pérdida de rango de movimiento y/o dolor debido a cirugías que involucraron implante de algunas piezas en sus cuerpos, y continúo haciéndolo, el estudio se limitó a 2012. Durante este año, cuando las personas informaron que su dolor se había reducido en al menos un ochenta por ciento o habían recuperado el movimiento en al menos un ochenta por ciento, hubo tres ocasiones en que se tomó información: primero, con motivo de la sanidad informada; segundo, de diez a catorce días después de la sanidad informada, para ver si la sanidad se había mantenido; y tercero, cien días después del informe inicial de sanidad.

Pocas personas tienen el grado de oportunidad de estudiar las ocasiones de sanidad y el número de sanidades en la escala que tuve yo. Al combinar encuestas con entrevistas abiertas, así como con estudios de casos y notas de campo, pude crear un conjunto de pruebas que demostraban que las personas habían experimentado la sanidad.

Basado en el estudio, descubrí que aproximadamente el cincuenta por ciento del tiempo, las personas que habían recibido sanidad habían experimentado alguna sensación previa a la sanidad. Estas sensaciones, con frecuencia, tenían que ver con calor y/o una energía eléctrica en el cuerpo antes de que la sanidad haya tenido lugar. El otro cincuenta por ciento no experimentó tales fenómenos. Estos porcentajes se aplican a todo tipo de sanidad. En algunas reuniones, entre el sesenta y el setenta por ciento de las veces hubo manifestaciones físicas o fenómenos antes de la sanidad. Sin embargo, cuando se trataba de la sanidad del dolor y la restricción del movimiento debido al material implantado quirúrgicamente, las personas experimentaban estas manifestaciones el noventa por ciento de las veces, especialmente calor o energía. Este porcentaje era mucho más alto que en otros tipos de sanidades. Más detalles sobre la metodología utilizada para este estudio están disponibles en mi tesis doctoral.[3]

¿Cuáles fueron los resultados de este estudio? Primero, algunas suposiciones sobre resultados que se probarían como falsas. Por ejemplo, esperaba que Brasil obtuviera la tasa de éxito más alta en sanidades, seguido por Asia, y luego por Estados Unidos, y los resultados más bajos vinieran de Europa. Esto resultó ser una suposición errónea. La tabla que aparece más adelante explica mejor los resultados. Aquí déjeme resumir los resultados. Hong Kong tuvo la tasa más alta, con un ochenta y seis por ciento de sanidades. Le siguió Australia, con un cincuenta por ciento. Lo más impactante fue Dinamarca, específicamente Copenhague, una de las ciudades más secularizadas de Europa, que alcanzó la tercera tasa más alta, con un cuarenta y cuatro por ciento de sanidades. Otro país europeo, el Reino Unido, fue el cuarto, con un cuarenta y un por ciento de sanidades. Brasil y Corea del Sur quedaron en quinto y sexto lugar, cada uno reportando un treinta y seis por ciento, y el último fue Estados Unidos, con un treinta y cinco por ciento.

Sin embargo, cuando se tuvo en cuenta el número de personas que informaron, se hizo evidente que mientras mayor era el número de casos estudiados en los países respectivos, más bajos eran los porcentajes. Esto se reflejó en el hecho de que, de lejos, los países con el mayor número de personas estudiadas fueron Brasil y Estados Unidos.

Cuando, en lugar de estudiar países enteros, se estudiaron iglesias individuales, las estadísticas sobre sanidades cambiaron. Las iglesias en Hong Kong, Singapur y dos en Australia tuvieron a dos de cada dos sanados. Brasil también informó de un cien por ciento, con cinco de cada cinco. La iglesia brasileña era una iglesia bautista.

En cuanto al resumen de las estadísticas, hubo un total de setecientas noventa y cinco personas involucradas en el estudio. De estas, trecientas noventa y seis informaron que sus cirugías no habían tenido éxito, y les provocaban, después de las cirugías, dolor o pérdida del rango de movimiento. De estas trecientas noventa y seis, ciento cuarenta y nueve que necesitaban sanidad, y que se les pidió que dijeran si la sanidad había producido reducción del dolor o un mayor rango de movimiento, informaron que en uno o en ambos habían mejorado en al menos un ochenta por ciento. Esto dio como resultado un 37,62 por ciento, casi el treinta y ocho por ciento de aquellos en el estudio que necesitaban que la sanidad fuera significativa.

La tabla 1 que aparece posteriormente brinda más detalles.

TABLA 1. PORCENTAJE DE PERSONAS SANADAS DESPUÉS DE CIRUGÍA POR IMPLANTE DE MATERIALES (CIM) EN 2012

Lugar	Fecha	# de personas con CIM	# de personas con CIM con dolor & RDM	# de personas sanadas	Sanadas (en porcentaje)
Iglesia Internacional «Toque del Maestro», Florida, EUA	02/23/12	11	5	2	40%
Iglesia Videira, Brasil	03/26/12	12	8	4	50%
Iglesia Videira, Brasil	03/27/12	16	11	9	82%
Centro Cultural, Dinamarca	04/26/12	20	9	1	11%
Centro Cultural, Dinamarca	04/28/12	21	9	7	78%
Cabaña Suiza Santísima Trinidad, Inglaterra	05/01/12	16	8	1	13%
Edimburgo, Escocia	05/02/12	10	5	1	20%
Iglesia Crossroads, Illinois, EUA	05/29/12	24	11	8	73%
Iglesia Cristiana Avivamiento, Hong Kong	06/08/12	8	4	2	50%

Lugar	Fecha	# de personas con CIM	# de personas con CIM con dolor & RDM	# de personas sanadas	Sanadas (en porcentaje)
Iglesia Cristiana Avivamiento, Hong Kong	06/09/12	6	3	2	67%
Iglesia La Viña, Hong Kong	06/10/12	2	1	2	100%
Conferencia WLI, Corea del Sur	06/11/12	10	5	1	20%
Iglesia del Evangelio Completo Daegu, Corea del Sur	06/15/12	5	2	2	100%
Iglesia del Evangelio Completo, Daegu, Corea del Sur	06/16/12	10	5	1	20%
Iglesia Glory Shekinah, Tennessee, EUA	06/19/12	6	3	1	33%
Ciudad Vida Nueva, Nuevo México, EUA	06/21/12	31	15	2	13%
Ministerio Internacional, Brasil	06/30/12	5	3	1	33%
Iglesia Bautista Evangélica, Brasil	07/01/12	5	3	1	33%
Iglesia Bautista Nueva Canaán, Brasil	07/02/12	8	5	5	100%
Conferencia Katie Souza, Arizona, EUA	07/13/12	20	9	5	56%
Iglesia Churchlands, Australia	08/09/12	4	2	1	50%
Iglesia Churchlands, Australia	08/10/12	4	2	2	100%
Iglesia Bautista Kenmore, Australia	08/11/12	28	13	4	31%
Iglesia Dayspring, Australia	08/17/12	4	2	2	100%
Conferencia Catch the Fire, Inglaterra	08/31/12	32	15	7	50%
Conferencia Catch the Fire, Inglaterra	09/01/12	9	4	3	75%

Lugar	Fecha	# de personas con CIM	# de personas con CIM con dolor & RDM	# de personas sanadas	Sanadas (en porcentaje)
Santísima Trinidad, Brompton, Inglaterra	09/02/12	11	5	2	40%
Asamblea Heartland, Iowa, EUA	09/13/12	14	7	2	29%
Compañerismo Elim, Nueva York, EUA	09/21/12	33	21	8	38%
Iglesia Plenitud en células, Brasil	09/25/12	21	13	4	31%
Iglesia Logos, Brasil	09/26/12	24	17	3	19%
Iglesia Logos, Brasil	09/27/12	13	8	1	13%
Comunidad Cristá de Ribeirão Preta, Brasil	10/01/12	40	17	2	12%
Comunidad Cristá de Ribeirão Preta, Brasil	10/04/12	36	28	9	32%
Comunidad Cristiana Shalom, Brasil	10/05/12	19	18	9	50%
Iglesia Evangélica, Kentucky, EUA	10/21/12	33	13	2	15%
Urbana Vineyard Church, Illinois, EUA	11/03/12	61	27	11	41%
Awakened to Destiny, Colorado, EUA	11/08/12	83	34	9	26%
Conferencia WLI, California, EUA	11/16/12	11	7	3	43%
Apostolic Resource Center, Pensilvania, EUA	11/28/12	25	7	1	14%
Iglesia Bautista Agua Viva, Brasil	12/09/12	27	14	4	29%
East Gate Church, Pennsilvania, EUA	12/15/12	17	8	2	25%
Total		**795**	**406**	**149**	
Promedio		**19**	**10**	**4**	**40%**

Además del estudio cuantitativo anterior, también se realizó un estudio cualitativo a doce personas. Se utilizó con ellas una entrevista abierta en profundidad. Utilizando lo que se conoce en el campo médico como la *escala de análisis visual*, que se utiliza especialmente en el campo de la fisioterapia para observar el grado de sanidad inmediatamente después de que se haya reportado la sanidad, diez a catorce días después y cien días más tarde, la tabla 2, que aparece posteriormente, informa el resultado de este estudio con respecto a los niveles de dolor de los investigados.

TABLA 2. CAMBIOS EN LOS NIVELES DE DOLOR

Nombre	Antes de la sanidad	Inmediatamente después de la sanidad	100 días después de la sanidad
Abigail	4	0	0
Anne	10	1	3
Craig	8	0	0
Daryl	6	4	0
Diane	4-6	2	0
Greg	8	1	0
Jane	7	4	1
Lester	6	0	0
Michelle	7	2	2
Rachel	4	1	0
Robert	7	2	0
Ruth	5	0	0

Siete de las doce personas estudiadas no solo tenían dolor, sino también problemas con el rango de movimiento. Ellas reportaron lo que aparece en la tabla 3.

TABLA 3. CAMBIOS EN EL RANGO DE MOVIMIENTO

Nombre*	Duración de la pérdida del rango de movimiento	Antes de la sanidad	Después de la sanidad
Abigail	N/A	N/A	N/A
Anne	1,5 años	No podía correr ni doblar los tobillos en cierto ángulo	Pudo correr, encuclillarse, subir y bajar escaleras, bailar
Craig	2 años	No podía levantar los brazos por sobre la cabeza	Pudo mover los brazos por sobre la cabeza
Daryl	N/A	Los tobillos se le doblaban en 45 grados cuando caminaba	Ahora puede caminar sin problemas
Diane	17 años	No podía flexionarse o moverse hacia los lados fácilmente	Ahora puede moverse sin dolor
Jane	10 años	No podía subir ni bajar escaleras sin ayuda	Ahora puede subir y bajar escaleras trotando
Lester	Desde los 21 años	No podía agacharse	Ahora puede agacharse y amarrarse los zapatos
Ruth	N/A	No podía sentir la barbilla ni los labios	Ahora puede sentir los labios

*El cuadro incluye solo a los que participaron en una entrevista a fondo y que tenían pérdida del rango de movimiento antes de recibir la sanidad.

RESUMEN DE MI ESTUDIO

Es significativo que no se hayan publicado hasta ahora en la literatura religiosa o científica estudios sistemáticos de ningún tipo sobre la oración intercesora cristiana para la sanidad divina de personas con materiales implantados quirúrgicamente. Incluso si se estudió un tema más general, como intervenciones para el dolor lumbar crónico (con o sin cirugía previa que involucra materiales implantados quirúrgicamente), hubo efectos mínimos atribuidos a la medicina complementaria y alternativa (CAM, por sus siglas en inglés). En octubre de 2007, se publicó en *Annals of*

Internal Medicine un metaanálisis de todas las terapias médicas y CAM tradicionales para el dolor lumbar crónico. Los autores tabularon todos los estudios conocidos hasta noviembre de 2006, encontrados en la Cochrane Database of Systemic Reviews [Base de datos de revisiones sistemáticas Cochrane] y en MEDLINE, una base de datos de citas, y establecieron que una terapia tenía «buena evidencia» de resultados positivos si el paciente promedio mejoraba uno o dos puntos en la escala analógica visual de diez puntos: 10-20 por ciento. La terapia cognitivo-conductual, el ejercicio, la manipulación espinal y la rehabilitación interdisciplinaria tuvieron buena evidencia (aumento de 1-2 puntos en la mejoría), pero otras medidas de medicina complementaria y alternativa, como la acupuntura, el masaje y el yoga, no aumentaron hasta el mismo nivel. En este estudio no se incluyó la oración.[4]

Cuando los resultados de mi estudio se comparan con los de la revista *Annals of Internal Medicine*, hay razones para sentirse muy alentado por la eficacia de la oración cristiana. En lugar de subir uno o dos puntos en la escala analógica visual de diez, los reportes de los participantes en este estudio indicaron una mejoría promedio de seis puntos. Cuando se entrevistó de nuevo a los encuestados en este estudio, después de diez días y luego de cien días, se encontró que su mejoría promedio del dolor excedía con creces el umbral de una mejoría de uno o dos puntos en la escala analógica visual. Después de cien días, de los doce entrevistados nuevamente, dos habían mejorado cuatro puntos, otro había mejorado de cuatro a seis puntos, uno había mejorado cinco puntos, dos habían mejorado seis puntos, uno había mejorado siete puntos y dos habían mejorado ocho puntos, todos los cuales habían tenido una mejoría del cien por ciento. Los otros participantes habían mejorado cinco, seis y siete puntos, respectivamente, con una mejoría promedio de seis puntos. Estos resultados son bastante notables y muestran la necesidad de estudios futuros para demostrar la eficacia de la oración cristiana, como la oración imperativa de plataforma u otro tipo de oración, la oración intercesora de proximidad, para estas condiciones.

Mi modelo de investigación pasó por diferentes etapas antes de que concluyera con un cuestionario viable y una combinación de entrevista. Como no determiné necesariamente que podía predecir quién sería sanado en una reunión determinada, pude descubrir ciertos factores que pueden afectar la sanidad. Por ejemplo, la investigación mostró que algunas de las seis variables que estudié, incluida una teología personal de sanidad, entrenamiento en sanidad y experiencia previa con sanidades, tuvieron un efecto positivo en la probabilidad de que una persona recibiera la sanidad.

Para verificar resultados más concluyentes y concretos, es necesario continuar la investigación y el seguimiento con quienes afirman que el metal desapareció. En mi estudio no pude confirmar o desmentir estas afirmaciones. Sin embargo, desde 2009 he sido testigo de informes de sanidad del dolor y/o disminución del rango de movimiento por cirugías con materiales implantados quirúrgicamente, y esta investigación mostró que no solo las personas fueron sanadas en el momento de la reunión, sino que permanecieron sanas. Cien días o más después de la sanidad, continúan viviendo con menos dolor y más movilidad, a veces después de años de experimentar dificultades. Estos hallazgos son claramente extraordinarios dado el estado de la investigación sobre terapias para el dolor, contra la cual comenzó esta investigación. También es importante darse cuenta de que el efecto placebo no es una explicación buena y viable para las sanidades.

CAPÍTULO 12

LA SANIDAD Y EL EFECTO PLACEBO

Al darme cuenta de que algunos pueden intentar explicar los resultados de mi tesis como debidos al efecto placebo en lugar de a una fuente sobrenatural, es importante considerar este tema más a fondo. Quienes tratan de interpretar todas las sanidades y milagros como debidos al efecto placebo entienden mal lo que está sucediendo; no toman en cuenta el hecho de que el efecto placebo es controvertido en el campo de la medicina y que se ha convertido, junto con la remisión espontánea, en la explicación naturalista para la obra de Dios o el poder de la fe.[1]

El efecto placebo está estrechamente relacionado con el tema de la fe, y la pregunta planteada por el doctor Herbert Benson, profesor de medicina de la Facultad de Medicina de Harvard: ¿ha conectado Dios nuestros cuerpos para la fe?, sería respondida «¡Sí!». Dios ha conectado nuestros cuerpos para responder a la fe. Y de una manera mucho mayor de lo que el doctor Benson aceptaría o creería. El doctor Benson no permitiría una interpretación sobrenatural del efecto placebo, relegándolo a, y explicándolo puramente en términos naturalistas.[2]

Sin embargo, el efecto placebo, como se entiende médicamente, de manera general es de corta duración, y no hay evidencia de su presencia en relación con la recuperación del rango de movimiento recuperado. Los resultados de este estudio indicaron que la sanidad fue duradera, y no solo afectó los niveles de dolor, sino también la condición de pérdida del rango de movimiento.

El doctor Benson considera que el efecto placebo es potente y duradero.[3] Esta opinión es totalmente opuesta a lo que dice el Informe Cochrane, que lo considera débil y de corta duración.[4] Además, Benson no creía que fuera posible que el efecto placebo tuviera una causalidad sobrenatural ni aceptaría un testimonio de mejoría que se presentara como milagroso. Para él, los casos de mejoría incluidos en su libro serían el resultado de una conexión mente-cuerpo-espíritu; y el espíritu, en este caso, nunca sería el Espíritu Santo, sino el espíritu humano. Esto dijo al respecto: «No creo que sea posible intentar o llevar a cabo otras hazañas físicas que desafíen la *física newtoniana*. No me malinterpreten, el factor fe es una característica notable de la *fisiología humana*. La mente es capaz de ejercer una influencia increíble sobre la fisiología, como hemos visto en los monjes tibetanos en la India».[5] Esta cita revela que Benson está trabajando dentro del antiguo concepto newtoniano, liberal y humano, en lugar de dentro del reino invasivo de Dios, con sus poderes milagrosos que sustituyen a la física newtoniana.

Benson ve todas las fes en todas las religiones trabajando dentro del mismo principio naturalista del efecto placebo, que él renombró como «bienestar recordado».[6] Él no tiene una comprensión sobrenaturalista de los beneficios de la fe como resultado de un Dios teísta que actúa en la historia humana, sino que cree que el bienestar recordado está funcionando en el toque terapéutico.[7] Además, entiende la sanidad por medio de la fe como una forma de autosanidad y lo dice de esta manera: «Pero en este libro, enfatizo la confianza en y la admiración por los *recursos internos de sanidad* con la esperanza de lograr un mejor equilibrio entre lo que el personal sanitario nos brinda o hace por nosotros —medicamentos y procedimientos—, y el poco apreciado rol del *autocuidado*».[8]

Benson señaló que, basándose en estudios realizados hasta el momento, no ha encontrado que la sanidad a través de la fe sea causada por la intervención divina. Pero parece estar abierto a esta posibilidad en la siguiente declaración: «A pesar de la falta de confirmación o consenso en estos estudios sobre la sanidad por fe, sabemos por los experimentos mencionados anteriormente sobre el bienestar recordado que las creencias del personal sanitario pueden potenciar la sanidad. Sin embargo, debemos estudiar más a fondo la sanidad por fe si queremos atribuirle beneficios por encima del bienestar recordado».[9]

Sin embargo, como se indicó anteriormente, esta apertura excluye cualquier cosa que pueda entrar en conflicto con la física newtoniana. Por lo tanto, la sanidad divina, cuando se la entiende como sobrenatural o milagrosa, ha sido excluida, *a priori*, de la interpretación de Benson. Este es un ejemplo de por qué pasamos tiempo discutiendo y explicando el papel del pensamiento de la Ilustración en la historiografía, la medicina, la filosofía y la teología modernas. En consecuencia, un marco de interpretación tan estrecho no puede explicar la evidencia relevante de las mejoras asociadas con la oración cristiana, que son dramáticamente más pronunciadas que las publicadas en estudios previos de terapia del dolor.

LA EXPLICACIÓN NATURALISTA DE LA SANIDAD Y LOS MILAGROS COMO EL EFECTO PLACEBO

Hay tres razones para rechazar las explicaciones naturalistas, incluido el efecto placebo, como las únicas válidas para la sanidad. La primera son las sanidades sorpresa, incluso entre burladores y críticos, que han ocurrido en las reuniones de Despertamiento Global. La segunda es que el mecanismo interno cuerpo-mente-espíritu no se puede usar como explicación para ciertos tipos de sanidades o milagros. Esto es cierto en los casos de resurrección de los muertos, especialmente cuando aquellos que han resucitado estuvieron muertos por más de una hora. La tercera son los resultados inconsistentes cuando uno ora por varias personas. Por ejemplo, el que ora puede orar por diez personas a la vez y ver que, de esas diez, nada ocurre con seis, dos reciben sanidad completa, y dos la reciben en forma parcial. Esto hace que uno reconozca que la sanidad no depende de la persona que la necesita, sino del poder o energía de Dios que funciona a través de ella, aunque no necesariamente de manera consistente. La siguiente sección detallará estas tres razones.

Sanidades sorprendentes de personas que no esperaban la sanidad, que en algunos casos ni siquiera creían en la sanidad mediante las oraciones en el nombre de Jesús, y hasta se burlaban y criticaban las reuniones, contradicen la comprensión del estado mental del llamado bienestar recordado requerido para que el efecto placebo funcionara.[10] Esto ocurrió en una reunión realizada en Colorado. La hermana de un quiropráctico vino a la reunión para criticar y burlarse del ministerio de Despertamiento Global en una Escuela Global de Sanación e Impartición. Mientras estaba de pie en la parte posterior, de repente fue sanada. Su hermano, que era creyente, compartió esta historia conmigo unos días después de la sanidad.

La segunda razón para rechazar una interpretación naturalista del efecto placebo es la resurrección de los muertos mediante la oración en el nombre de Jesús. He conocido a varias personas que informaron haber sido resucitadas, entrevisté a sus familiares para confirmar sus informes y visité las aldeas que alguna vez fueron musulmanas, pero que ahora son predominantemente cristianas porque los aldeanos confirmaron el informe recibido. Después de entrevistar a las personas humildes a quienes Dios usó para resucitar a los muertos, y después de ver el efecto en una nación como Mozambique, donde se fundaron diez mil nuevas iglesias y un millón de personas aceptaron a Jesús debido, en parte, a sanidades y milagros, especialmente los muertos que resucitaron, una explicación naturalista de fe como un placebo simplemente no será suficiente para explicar toda la evidencia relevante.

Una tercera razón para rechazar una interpretación naturalista del efecto placebo proviene de la sanidad incoherente entre aquellos que experimentan sanidad. Por ejemplo, en el sur de la India, dos hermanos vinieron a una reunión para que se orara por ellos. Debido a que ambos tenían la misma enfermedad en sus piernas, no podían caminar. Se oró por ellos. Uno fue sanado, mientras que el otro no experimentó ninguna mejoría. Pudo haber una diferencia en la expectativa de cada uno, pero nadie podría conocer realmente el funcionamiento interno de sus mentes con respecto a sus expectativas de sanar. En este caso, sin embargo, creo que lo más importante fue la fe de la persona que ministraba. Muchas veces, no es la fe de la persona que necesita la sanidad lo que determina si se produce una sanidad o no, como en este caso, en que ambos eran hindúes, sino que es la fe de la persona que ministra lo que a menudo inclina la balanza. El punto es que el nivel de fe era el mismo; en realidad, era más alto después de que el hermano se había sanado y se esperaba que el segundo hermano también lo sería. Pero no se sanó. De haber habido una atmósfera adecuada para aumentar la posibilidad de un efecto placebo, esta habría sido esa atmósfera, tanto para el hermano no sanado como para mí, que fui quien oró por la sanidad de ambos muchachos.

Otro ejemplo de esta incoherencia nos retrotrae al año 1984. John Wimber me había permitido seguirlo en varias reuniones de sanidad. Me dijo que me limitara a mirar y a escuchar y que, al final de la reunión, le hiciera las preguntas que quisiera sobre lo que había observado. Una noche, en una iglesia metodista en Houston, casi todas las personas por las cuales oró fueron sanadas. A la noche siguiente, ninguna de las personas por las que John oró experimentó sanidad. Al final de la segunda noche, le dije:

—John, tengo una pregunta.

—Déjame decirte cuál es tu pregunta —me respondió—. Quieres saber por qué todos fueron sanados anoche y nadie esta noche, ¿no es así?

—Sí —dije.

—No lo entiendes, ¿verdad? —dijo—. Anoche, cuando todos por los que oré fueron sanados, no me fui a la cama pensando que yo era un gran sanador; que yo era alguien. Y esta noche, cuando me vaya a acostar, no voy a ir pensando que soy un gran fracaso. Anoche no tuve más fe que la que tuve esta noche, ni esta noche tuve más pecados en mi vida que los que tuve anoche. Mañana me levantaré y oraré por los enfermos nuevamente. Todo lo que hice estas dos noches fue retirar mi mano y decir: "Ven, Espíritu Santo".

Este diálogo con John fue un punto de inflexión. La respuesta a un avance en la sanidad no era un secreto que tuviera que aprender. Tampoco se basaba en el mérito de la persona que oraba. Estaba envuelto en misterio, pero relacionado con la fidelidad y estar dispuesto a perseverar en ministrar el amor de Dios a aquellos que necesitan ser sanados. Esto no niega el propósito de este estudio: refutar la hipótesis nula de que nadie estaba siendo sanado, o el propósito secundario de tratar de determinar si existen variables independientes que influyen en la probabilidad de que las personas experimenten sanidad. Esas preguntas ya han quedado respondidas. Las ciento cuarenta y nueve personas que informaron haber sido sanadas de complicaciones que involucraron material implantado quirúrgicamente en 2012 desmintieron la hipótesis nula, y esto solo se refirió al tipo de condición que se estaba estudiando. Hubo miles más que informaron haber sido sanados de muchas otras enfermedades, incluido cáncer terminal. (Se supone que la remisión espontánea es una anomalía que ocurre entre uno de cada sesenta mil a uno de cada cien mil, pero los que han sanado de cáncer en el ministerio de Despertamiento Global son una anomalía de la anomalía, con una probabilidad mucho mayor que la anomalía estándar). Estos resultados cuestionan una explicación puramente naturalista del efecto placebo, que para algunos en el campo científico o médico se convierte en sinónimo de fe.

Otra área que afecta el asunto de la inconsistencia es la diferencia entre el contexto evangelístico y el contexto pastoral en el ministerio de sanidad. Si el efecto placebo fue la explicación naturalista para la sanidad, entonces ¿por qué cuando se declara el evangelio a través de una demostración de sanidad, donde a los no cristianos se les pide que se vuelvan seguidores de Jesús, el porcentaje de los sanados es mucho más alto que en un contexto pastoral?

Esto parece contradecir las variables que se han analizado en este estudio. En el contexto misiológico, los no cristianos a menudo no han oído el evangelio, no saben nada de la fe cristiana; aparte de que no es su fe, no han visto a nadie sanado en el nombre de Jesús, y no saben de teología de sanidad. ¿Por qué se sanan más personas en este contexto que en una atmósfera más propicia de un servicio de iglesia cristiana en una denominación que cree en la sanidad, donde las personas han escuchado testimonios de otras que conocen personalmente que fueron sanadas, y donde ha habido una construcción de fe a través de la enseñanza de doctrinas bíblicas sólidas con respecto a la sanidad?

La respuesta parece ser el deseo primordial de Dios de adelantar su reino a través de la salvación, lo que incluye la sanidad. Por ejemplo, la mayor cantidad de conversiones que he visto en una reunión fue en India. Hubo una reunión de cien mil personas, en su mayoría hindúes. Con base en un número estimado de aquellos que agitaban sus manos, lo que indicaba una sanidad de al menos el ochenta por ciento, aproximadamente cincuenta mil de ellos fueron sanados en una noche, y treinta mil aceptaron a Jesús.

Este ejemplo plantea la cuestión de la soberanía en relación con la sanidad, pero también relaciona la soberanía con la soteriología (que es el estudio de la salvación). Aunque la sanidad está envuelta en un misterio, algunas cosas comienzan a entenderse mejor a medida que uno busca progresar en la comprensión de los «caminos de Dios».[11] Quizás Dios ha determinado vincular la sanidad con el evangelio, haciendo intencionadamente que la sanidad sea una señal confirmativa del evangelio, o —más exacta y bíblicamente— quizás la sanidad como parte del evangelio, incluida en las buenas nuevas de que Jesús cargó en la cruz con nuestros pecados, enfermedades y dolores.

La buena noticia de que la energía del reino de Dios ha irrumpido en este tiempo y espacio, y que la energía del cielo ha comenzado a venir a la tierra.

CAPÍTULO 13

LA ENERGÍA Y UN CASO PARA MILAGROS

A medida que uno comprende mejor los caminos de Dios, experimenta más de la energía de Dios. El tema de la energía de Dios es clave para este estudio. Reiki, el toque terapéutico y otras modalidades de sanidad de energía, incluida la oración, aparecen en el sitio web de los Institutos Nacionales de Salud como tratamientos médicos complementarios y alternativos.[1]

Hay cuatro posibles explicaciones para la fuente de energía que a menudo experimentan las personas que informan haber sido sanadas. Primero hay una explicación naturalista que afirma que la energía es innata al cuerpo humano, o debido al efecto placebo o el resultado del amor o afecto. La segunda explicación posible es que la energía es parte del cosmos, y las personas pueden aprender a canalizar esta energía, especialmente curanderos, como chamanes, espiritistas, espiritualistas, rabinos judíos, mulás musulmanes, expertos hindúes, o pastores o sacerdotes cristianos. Esta perspectiva de la Nueva Era está ligada a la creencia en el panteísmo, que todo es uno, y que no hay distinción entre Dios y la creación.[2] En esta visión, Dios se convierte más en una fuerza impersonal que es parte del universo. Todas las principales religiones teístas del mundo, como el islam, el judaísmo y el cristianismo, se opondrían a esta opinión, porque estas religiones creen en un Dios personal como creador.

Una tercera explicación posible para la fuente de energía es la comprensión teísta de que Dios es distinto de la creación, como su creador. Desde este punto de vista, hay dos fuentes de energía: la energía angelical, de los ángeles santos y caídos; y la energía de Dios experimentada en la inmanencia de Dios, especialmente a través de sus dones, que son manifestaciones de sus energías. Estos dones son comunicados por el Espíritu Santo, y esta visión se basa en una perspectiva de dos reinos en conflicto.

Finalmente, el cuarto punto de vista, que es el que yo abrazo, es una síntesis de la primera y de la tercera visión, mientras que rechazo la segunda, o visión panteísta de la Nueva Era. Los siguientes son detalles adicionales sobre cada una de las cuatro explicaciones mencionadas.

EXPLICACIÓN NATURALISTA DE LAS FUENTES DE ENERGÍA: ENERGÍA HUMANA

La comprensión naturalista de la energía explica la sensación de energía por los cambios en los procesos del cerebro, lo que ha sido probado por la ciencia moderna. Así es como se entiende el efecto placebo. No tiene referencia al espíritu humano, lo que movería la discusión a más allá de la explicación naturalista o de la explicación científica.

Una variación de esta explicación naturalista es aceptar la existencia del espíritu humano. Esta visión vería el espíritu humano como algo natural y no sobrenatural. La sensación de calor o energía o algún otro fenómeno se vería como enraizada en el espíritu humano. El espíritu humano sería considerado como uno con el Espíritu del Uno, sin distinción, o separado. El espíritu humano en este entendimiento se crea y tiene un grado de poder en sí mismo. La comprensión anterior del espíritu humano (uno con el Espíritu del Uno) sería más adecuada para una cosmovisión panteísta, y la segunda (uno separado del Espíritu Santo de un Dios personal) para una cosmovisión teísta. La discusión anterior sobre el espíritu humano sería más adecuada para una cosmovisión puramente naturalista y atea. Creo en la última visión del espíritu humano como creado y separado de Dios; sin embargo, hay un medio por el cual la comunicación con Dios es posible.[3]

LA EXPLICACIÓN PANTEÍSTA Y ENERGÉTICA DE LA NUEVA ERA DE LAS FUENTES DE ENERGÍA

La visión panteísta de la energía vería muchas de las creencias del poder de las religiones del mundo como lo mismo. Ya sea que se llame «ki», «chi», «prana» o «fuerza ódica», o algún otro nombre para una «fuerza de vida universal», es toda la misma energía del Único.[4] Esta es la comprensión de la Nueva Era que es similar a la comprensión de la sanidad en el Reiki, el toque terapéutico, el toque sanador y el chamanismo. Desde este punto de vista, dios no es un dios personal, sino más bien es el «fundamento de todo ser» impersonal.[5]

Esta comprensión es inconsistente con la cosmovisión teísta tradicional. La Iglesia Católica claramente rechaza este punto de vista y considera las modalidades de sanidad-energía como posibles puertas abiertas a lo demoníaco. Considera como brujería o magia oculta un intento de manipular o controlar la energía sanadora aparte de Cristo.[6]

EL TEÍSMO, LA COMPRENSIÓN DE LAS FUENTES DE ENERGÍA DE DOS REINOS

El teísmo no requiere una cosmovisión de dos reinos en guerra. Algunos eruditos pensarían que tal visión de dos reinos amenaza la comprensión de la soberanía de Dios. Sin embargo, esta cosmovisión parece ser el telón de fondo de gran parte del Nuevo Testamento.[7] No es un dualismo completo, sino un punto de vista dualista modificado que se subsume bajo la creencia de que no hay duda de quién gana la guerra: Dios es soberano y el reino del mundo ha pasado a ser de nuestro Señor y de su Cristo.[8]

En esta cosmovisión de dos reinos en guerra, hay un demonio personificado, y él gobierna sobre un reino demoníaco de espíritus demoníacos.

Estos principados, poderes y demonios tienen un grado de poder (energía) que es parte de su orden creado. Aunque la caída de Lucifer ha corrompido este poder, su reino de espíritus demoníacos todavía mantiene el poder que se les dio en la creación. Sin embargo, ya no pueden entrar en la presencia completa de Dios (Apocalipsis 4.2) a excepción de una aparición limitada en su sala del tribunal celestial (1 Reyes 22.19-22; Job 1.6-12; 2.1-7; Salmos 82.1; Zacarías 3.1-5). Esto es significativo porque tanto los humanos como los seres angelicales tienen la capacidad de ser ungidos (energizados) más allá del poder de su orden creado con la energía innata de ese orden. Esta energización o unción tiene lugar a través de la presencia de Dios. Esto significa que el poder de los seres angélicos caídos no es tan fuerte como el de aquellos que no cayeron, porque los ángeles caídos no pueden entrar en la presencia completa de Dios para ser llenos de su gloria y poder, que está más allá de su orden creado, innato a ellos.

El poder angelical para aquellos que no cayeron no se limita a lo que es innato a su orden creado, porque pueden ascender y descender, o entrar y salir del reino del cielo. Esto les permite, al igual que aquellos creyentes que están en Cristo, ser energizados o ungidos por el Espíritu Santo.[9]

Incluso si se descuenta la interpretación anterior de unción relacionada con los ángeles, se mantiene el hecho de que tienen poder, tanto los ángeles caídos como los ángeles santos, y están activos en los asuntos humanos.[10] El Espíritu Santo es el poder supremo, que es inmensamente más grande que el poder limitado de los ángeles o los humanos. Solo Dios es omnipotente, mientras que sus órdenes creadas de seres no lo son. Dios hace conocer su poder a través del Espíritu Santo. Los dones del Espíritu Santo son manifestaciones de sus energías.[11]

No se debería redefinir el poder del Espíritu Santo con una comprensión panteísta de Dios, y mucho menos llamarlo el «espíritu de Reiki», como lo menciona Ruth Mayeux Allen en su libro *The Holy Spirit and the Spirit of Reiki* [El Espíritu Santo y el Espíritu de Reiki].[12] Creo que este punto de vista es engañoso y está arraigado en una visión de Jesús que

Juan, el escritor de 1 Juan en la Biblia, considera una enseñanza enraizada en el espíritu del anticristo.[13]

SANIDAD Y ENERGÍA: UNA SÍNTESIS FUNDAMENTADA EN LA VISIÓN TEÍSTA

Existe otra visión de la fuente de la energía para la sanidad, que representa una síntesis basada en una aceptación del poder del espíritu humano, el poder de los espíritus angelicales (caídos y no caídos) y el poder del Espíritu Santo como se entiende en la visión teísta tradicional. Creo que el grado de poder que era innato a los seres humanos se vio disminuido en la caída, así como la autoridad de los seres humanos en relación con Dios. Además, la *imago Dei* (imagen de Dios) fue estropeada (Brunner), no destruida (Barth).[14] Debido a que no fue destruido, el espíritu humano, que fue hecho a la imagen de Dios, retuvo el poder, pero debido al daño que experimentó, el poder que conservó fue menor que el que tuvo antes de la caída.

Como resultado, la sanidad puede ocurrir a partir de este poder del espíritu humano sin necesidad de una explicación sobrenatural u otra espiritual. Algunas de las sanidades de bajo grado informadas en estudios médicos, como la ansiedad, los dolores de cabeza, la reducción del dolor en los límites de dolor más bajo y las sanidades psicosomáticas menores se pueden explicar desde esta perspectiva. Mucho de lo que Benson atribuye al efecto placebo caería en esta categoría. Algunas de las sanidades reportadas por Leslie D. Weatherhead, teólogo inglés del siglo veinte, en su libro *Psychology, Religion, and Healing* [Psicología, religión y sanidad], y su último libro, *Wounded Spirits* [Espíritus heridos], también podrían explicarse de esta manera.[15] Esto puede incluir algunos de los efectos de aquellos que ministran con ki, chi, prana, fuerza ódica y otros nombres para lo que se conoce como la fuerza vital universal.

Aquí es donde las cosas se vuelven problemáticas. A veces es difícil determinar cuándo el agente de sanidad detrás de la sanidad es el espíritu humano y cuándo se mueve hacia el área oculta de sanidad a través de los ángeles caídos, referidos en Reiki, contacto sanador y toque terapéutico como «guías espirituales».[16] Yo creo que estos «guías espirituales» ya no forman parte de la categoría de espíritu humano, sino que forman parte de la categoría de espíritu angelicales. Uno de los aspectos desconcertantes de la religión de la Nueva Era es la falta de discernimiento con respecto a estos espíritus angelicales o guías espirituales. Existe la tendencia a pensar que todos son positivos y buenos, sin creer en los ángeles caídos o lo demoníaco. De esta manera, muchas personas se abren a lo demoníaco.[17]

Como se dijo anteriormente, la mayoría de los eruditos cristianos ven a los espíritus demoníacos como ángeles caídos. Los «espíritus angelicales» son ángeles de Dios que no siguieron a Lucifer, y por lo tanto no cayeron de su posición celestial. Pueden ser ungidos por el poder del Espíritu Santo y, por ello, son más poderosos que los seres angelicales demoníacos. Una vez más, superan en número a los ángeles caídos por dos a uno. No solo tienen el grado de poder y gloria que Dios les asignó en su creación, sino que pueden llevar Su gloria y poder (Salmos 18.9, 10; Isaías 6.1-7; Ezequiel 1.4-23; 10.2-20; Apocalipsis 4.6-8). Mientras los cristianos no reciban sus cuerpos glorificados, no podrán experimentar tanta energía, poder y gloria de Dios como pueden hacerlo los ángeles. La razón es que los seres humanos no pueden soportar la energía, que hace que caigan bajo el poder de Dios, o experimenten tanta electricidad que les haga temer morir por ese poder.[18]

Más grande que el poder del espíritu humano y más que el poder de los espíritus angélicos es el poder del Espíritu Santo, la persona de la Trinidad que revela la inmanencia de Dios. Dado que los miembros de la Trinidad comparten todas las cosas, el Espíritu Santo es omnipresente, omnisciente y omnipotente.[19]

Estoy proponiendo la conclusión de que las energías involucradas en la sanidad cristiana, la sanidad no cristiana y la sanidad naturalista no son necesariamente lo mismo. Yo rechazo en forma rotunda la creencia de que hay personas con la capacidad de aprender a canalizar la energía proveniente del Único. Esta postura panteísta de la realidad está en conflicto con la comprensión de la realidad de Dios en las religiones teístas, incluido el cristianismo, el judaísmo y el islam. Yo creo que la energía del espíritu humano puede sanar enfermedades menores y que no es ni bueno ni malo, sino algo neutral.[20] Más grandes sanidades pueden provenir del reino angelical, con más grandes sanidades provenientes de los ángeles santos que los caídos. Esto se debe a que los santos ángeles pueden también llevar la energía del Espíritu Santo (Daniel 10.18; Lucas 22.43), al igual que los cristianos.[21] Tal vez esta sea la razón por la cual la Biblia describe a los ángeles como que ascienden y descienden por la escalera del cielo, o sobre Jesús (Génesis 28.12; Juan 1.51). Los ángeles han venido a servir a aquellos que tienen vida eterna,[22] y regresan para recibir una nueva unción o energía de Dios al estar en Su presencia.[23]

Esta reflexión no demoniza todas las formas de sanidad que no se hacen en el nombre de Jesús, porque permite el tipo de sanidad neutral que está relacionada con el espíritu humano, y que no se basa en otros poderes espirituales. Las cofundadoras del toque terapéutico Dolores Krieger y Dora Kunz dan instrucciones para llamar a los guías espirituales seres angelicales.[24] Sin embargo, está claro que no ven a estos seres angelicales desde una perspectiva bíblica, sino como fuerzas o energías impersonales. Por lo tanto, existe el grave peligro de que en el caso de que el ángel sea un ángel caído o un ángel inmundo, la persona sea demonizada al recurrir a estos guías espirituales.[25]

La creencia de Krieger y Kunz es desconcertante, porque sea que alguien sane o no, puede depender de su karma, porque uno de los obstáculos para las personas que reciben sanidad es la sensación de que no son dignos de recibirla debido a cómo han vivido, o a que ellos mismos han atraído la enfermedad o condición por su estilo de vida.[26] Aquí es donde el mensaje de *gracia* es más poderoso que el mensaje de *karma*.[27]

En mis reuniones he visto los tres tipos de sanidades: la sanidad a través del espíritu humano, la sanidad a través de santos espíritus angelicales y la sanidad a través del Espíritu Santo. Los milagros siempre dependen de una fuerte unción del Espíritu Santo y, con frecuencia, son los dones del Espíritu los que provocan la fe del individuo por el que se está orando, del que ora, o de ambos para experimentar *la fe de Dios, la fe que mueve montañas, el don de la fe.*[28]

En cuanto a los poderes de la oscuridad y los poderes de la luz, uno podría preguntarse cómo podría ocurrir tanto mal en la tierra. Los problemas más serios no se relacionan con el poder de un único demonio, poder o principado. El peligro es cuando estas personalidades perversas comienzan a ganar control sobre los seres humanos —sobre sus mentes y sus voluntades— y comienzan a usarlos como meros títeres en los grandes planes de Satanás; por ejemplo, cuando Satanás usó sus poderes, incluyendo sus poderes engañosos que fueron representados en el nazismo, el fascismo, el comunismo, las limpiezas étnicas, las guerras religiosas, las guerras de los carteles de la droga y el Partido Revolucionario del Pueblo de Cambodia, por nombrar algunos. Estas son realmente las formas más peligrosas en que el mal se encarna en las formas de los humanos.

Cientos de millones de vidas se han perdido debido a las filosofías de los demonios que se politizaron y recibieron poder a través de la crueldad del poder ejercido por los humanos contra otros humanos en forma de guerra, saqueo y opresión. Millones más han perdido la vida debido a guerras nacionalistas o políticas que en las guerras religiosas mencionadas anteriormente. Estas guerras nacionalistas o políticas se arraigaron en los escritos filosóficos de la Ilustración que influyeron en el nazismo y el comunismo.

No son los pecados personales de los individuos los que han traído tanta tragedia a la raza humana; es el poder estructural del mal a través de la filosofía de los demonios. Por lo tanto, la sociedad necesita filósofos y teólogos bien capacitados que puedan detectar y hablar en contra de este terrible mal potencial. El intento de la iglesia de enfrentar este mal estructural a través de la «teología de la liberación» ha sido un fracaso.[29]

¿POR QUÉ MOLESTARSE TRATANDO DE VERIFICAR LAS SANIDADES? ¿POR QUÉ MOLESTARSE EN HACER DE LOS MILAGROS UN CASO?

Me ha preocupado que la iglesia cristiana haya visto la necesidad de verificar los resultados de la oración en nombre de Jesús con base en estudios de casos. Hace algunos años, providencialmente encontré una copia de una charla de la cofundadora del toque terapéutico, Dora Kunz, en la que dice que los cristianos no se tomaban el tiempo para verificar las sanidades en sus ministerios.[30] Acababa de venir de una reunión de ministerios de sanidad cristiana, en la que ella era la única «infiel» (fueron sus palabras).[31]

En su charla, dijo que la profesión médica quería ver los registros de las sanidades para verificarlas, pero casi ninguno de los ministros de sanidad cristianos estaba proveyéndolos, con la excepción de Leslie Weatherhead, el ministro metodista de Londres, quien había guardado meticulosamente registros de los casos con los que estaban trabajando. Dora Kunz se lamentó:

> Esa es la única cosa que mendigan todos los doctores y psiquiatras que asistieron a todas esas conferencias. Están pidiendo que se mantengan los informes médicos, y debo admitir que prácticamente ninguno de ellos [los ministros cristianos de sanidad] lo hace. El doctor Leslie Weatherhead de Inglaterra, que es el líder de una gran iglesia metodista en Londres, es el único que, podría decirse, tiene la mente científica y un método científico para mantener registros constantes, año tras año. El resto de ellos están tan ocupados que no tienen tiempo. Dicen: «Venimos y tratamos de ayudar a la gente porque nos lo piden y no nos podemos tomar la molestia de llevar registros». Definitivamente, creo, están un poco a la defensiva y eso es, por supuesto, lo único que todos piden, los registros.[32]

Más tarde, se desarrollaría el toque terapéutico, con Kunz y Dolores Krieger como las cofundadoras originales. Reconocieron la importancia de mantener registros y hacer estudios de casos, lo que les ha dado credibilidad en el ámbito de la profesión médica y con algunas compañías de seguros. Los ministros y ministerios cristianos ahora están tratando de ponerse al día.

Es importante mantener registros para la verificación dentro de la comunidad médica y las compañías de seguros. En octubre de 2010, en la mayor conferencia anual de Despertamiento Global, se presentó la necesidad de trabajar coordinadamente con la comunidad médica para verificar las sanidades que se estaban produciendo en el ministerio de Despertamiento Global, pero no solo en este ministerio, sino en cualquier otro ministerio cristiano que tuviera registros de sanidades en el nombre de Jesús. La visión se presentó en una reunión especial para personas en el campo médico. Para la siguiente conferencia anual, la visión había sido captada por otros.

Un exprofesor de la Escuela de Medicina de Harvard, el doctor Martin Moore-Ede, decidió ayudar a desarrollar una entidad con fines de verificación médica de sanidades y para el desarrollo de estudios de casos que siguen el protocolo médico y que cumplan con la práctica médica para la publicación de estudios de investigación.

El grupo original de personas de esta reunión más tarde constituiría la junta directiva: los doctores Martin y Donna Moore-Ede; los doctores Joshua y Candy Brown; y la doctora Brenda Jones. Trabajaron con Despertamiento Global para formar una organización sin fines de lucro independiente. Le dieron el nombre de Global Medical Research Institute.

A partir de agosto de 2017, la junta directiva está compuesta por Joshua Brown, doctor; Candy Gunther Brown, doctora; Brenda Jones, doctora, máster en Ciencias de Enfermería, enfermera obstétrica certificada-certificada por la Junta Médica, enfermera de familia-certificada por el Centro de Acreditación de Enfermeras de Estados Unidos; y David Zaritzky, médico.

Profesionales médicos de toque terapéutico y Reiki han podido cobrar a algunas compañías de seguros por su trabajo con los enfermos; sin embargo, hasta donde llega mi conocimiento, ningún ministerio cristiano de sanidad ha recibido pago alguno de seguro por su ministerio de sanidad en los hospitales y clínicas. ¿Por qué? Como se señala en la cita de Dora Kunz, toque terapéutico ha comprendido la importancia de la verificación médica, dándole legitimidad a los ojos del campo médico. Otra razón es que crearon un programa de entrenamiento certificado para toque terapéutico. Me dijeron que los cristianos no tenían un programa certificado para entrenamiento en sanidad. Fue para responder a esta situación que creé el Christian Healing Certification Program [Programa Certificado de Sanidad Cristiana]. No estoy pidiendo un trato especial para las organizaciones cristianas que trabajan en el campo de la sanidad, solo igualdad de oportunidades.

EL MONTE CARMELO Y EL AVIVAMIENTO AL FINAL DE LOS TIEMPOS

El título de este capítulo es el secreto para evangelizar en estos últimos días, el evangelismo de poder, la confrontación de poderes. Ya ves, fue en el Monte Carmelo que tuvo lugar una confrontación entre los poderes: los poderes del mal contra los poderes de Dios, y el resultado de este enfrentamiento fue un retorno total a Dios, un «renacimiento».

Cuando miramos la Biblia, vemos que está llena de confrontaciones. Como era al principio, así será al final. A medida que nos acerquemos al final, la guerra se incrementará entre el reino de Dios y los reinos de este mundo; entre el poder de Dios y los «poderes» del mal.[1] Según un erudito del Nuevo Testamento, la Biblia realmente dice que Jesucristo es el fin, y hemos estado en los últimos días desde que vino. Obviamente, estamos en la última parte de los últimos días, y están sucediendo muchas cosas y han de venir más. En los últimos días habrá un aumento en la maldad y el poder, tanto en la iglesia como en el campo enemigo. Habrá un aumento en las sanidades, milagros, señales y prodigios. Algunos «mentirán» tratando de engañar a los santos (2 Tesalonicenses 2.9), pero habrá más señales y maravillas genuinas en la iglesia de lo que jamás se haya visto.

¡Es hora de ser fuertes en el Señor y fuertes en la fe! Entonces, ¿qué es la fe? ¿Cómo la demostramos? A lo largo de las historias narradas en la Biblia, descubrimos que fe es escuchar a Dios por uno mismo, y obedecer lo que Dios le dice que haga. Eso es fe. Cuando usted obedece, la palabra que Dios le dijo que hiciera será probada. No será fácil; tendrá oposición porque usted estará entrando en el campo enemigo, pero debe hacerlo de todos modos. Dios le guía, le habla y sutilmente lo mueve. Aprenda el mover de Dios; aprenda la voz de Dios. Muchos de nosotros oímos un susurro de Dios. Tenemos que sintonizarnos con el susurro, pero algunas veces, cuando habla, no sabemos escuchar, pero a Dios le gusta hablarnos, y ama la fe. La forma en que Él inicia la fe es diciéndoles a sus hijos que hagan algo. Escuchar, luego tener fuerza para obedecer, es fe. No es necesariamente lo que se cree. Esa es una parte de la fe, pero la fe se describe bíblicamente como la obediencia a las directivas de Dios, no meramente a la obediencia moral (ver Santiago 2.20-22). Este patrón está muy presente en la Biblia.[2] Las siguientes historias son ilustrativas de esta batalla por la fe.

La primera batalla es entre Moisés y los hechiceros de Egipto (Éxodo 7.9-12). Estamos hablando de cosas ocultas bastante pesadas. Los hechiceros arrojaron sus varas al suelo y se convirtieron en serpientes. La vara de Aarón también se convirtió en una serpiente y se tragó las de ellos. El resultado fue que el pueblo de Israel tuvo la fe para seguir a Moisés fuera de Egipto. Cuando Dios envió las diez plagas, especialmente la décima plaga, trayendo la muerte a todos los primogénitos, el faraón se alegró de dejarlos ir (ver Éxodo 12). Esta fue una confrontación de poder entre el faraón y Dios porque hasta ese momento la gente creía que el mismo faraón era un dios. Pero Dios iba a a mostrarles quién era *realmente* Dios, y lo haría al sacar a su pueblo de Egipto.

El libro de Éxodo se cita más en Apocalipsis que en cualquier otro libro de la Biblia. Hay un patrón entre las plagas en Apocalipsis y las plagas en Egipto. Cada vez que una plaga llegaba al pueblo de Egipto, el pueblo de Dios estaba protegido. La plaga no los tocaba. Lo que los salvó y trajo sanidad a sus cuerpos fue cuando comieron la carne del cordero. Cuando Dios los sacó de Egipto, con su poderosa mano, no había una sola persona débil entre ellos.³ Había ocurrido sanidad sobrenatural. La sangre los protegió y los salvó cuando pasó el ángel. Salvaron sus vidas por la sangre en el dintel de las puertas, símbolo de la muerte de Jesucristo. Todos los enfermos, todos los débiles, fueron sanados esa noche cuando comieron su carne. El profeta Isaías, setecientos años antes del nacimiento de Jesús, nos dijo que por sus llagas fuimos sanados, y en su cuerpo llevó nuestras enfermedades y nuestros dolores (Isaías 53.4, 5; 53.11c, 12c).

Dios siempre le pidió a Moisés que hiciera cosas extrañas, cosas que no tenían sentido, ni eran racionales, pero que eran oportunidades para que Moisés creyera en Él, para que tuviera fe.

«¿No tienes agua? Háblale a una roca».

«¿Tienes un ejército que viene tras ti y el Mar Rojo adelante? Extiende tu vara».

Lo leemos, pero no nos damos cuenta de cómo habría sido la situación en ese momento. Dios se deleitó en Moisés porque su obediencia fue fe. Necesitamos entender que la obediencia es mejor que los sacrificios. No es suficiente venir los domingos a adorar un rato y el resto de la semana vivir sin obediencia. Por mucho que Dios ame la adoración, Él ama susurrarnos para ver si escuchamos y obedecemos. Esta es la ilustración bíblica más común de la fe en la Biblia, y Él quiere que seas fiel. Él quiere que su ejército sepa escuchar y obedecer sus directivas: ejercitar la fe. Esto es lo que el nuevo pacto debía permitir. Vivimos en un momento emocionante; una oportunidad emocionante se presenta ante nosotros para creer en Dios y participar en un gran avivamiento.

Hay un avivamiento que viene. Según una profecía popular de la década de 1980,⁴ la primera ola llegará a la iglesia; la segunda llegará a las calles. The Toronto Blessing [La Bendición de Toronto], yo creo, fue un avivamiento para la renovación de la iglesia, y luego Él querrá alcanzar a los perdidos con el avivamiento en las calles. Esto ya está ocurriendo en las calles de Belfast y otras ciudades en Gran Bretaña; Copenhague,

Dinamarca y otras ciudades del mundo. Esto se logrará al escuchar los susurros de Dios sobre las necesidades de alguien. El poder del Espíritu Santo vendrá porque obedecimos, y ese acto de obediencia libera el poder del cielo. *Esto* es evangelismo de poder.[5]

Otra ilustración de la relación fe-obediencia se encuentra en 1 Reyes 18.12-39, donde leemos sobre Elías y los cuatrocientos cincuenta profetas de Baal. En este pasaje, leemos que Elías convocó a los cuatrocientos cincuenta falsos profetas al Monte Carmelo. El malvado rey Acab, por su parte, envió mensajes a todo Israel llamando a los profetas para que acudieran al llamado de Elías y se reunieran en el Monte Carmelo. Furioso, Elías les dijo: «¿Hasta cuándo van a seguir indecisos? Si el Dios verdadero es el Señor, deben seguirlo; pero si es Baal, síganlo a él» (1 Reyes 18.21). Espero que ninguno de ustedes vacile entre dos opiniones en su vida, tratando de decidir a quién seguir: a Dios y su poder o a *los poderes de esta era maligna*. Dios es celoso y no compartirá su afecto con otros dioses. Mezclar a cualquier otro dios con el verdadero Dios trajo grandes desgracias a Israel.

Cuando Elías dijo: «El que responda con fuego, ese es el Dios verdadero», lo dijo porque una voz como un susurro le dijo que lo dijera. ¿Cuán difícil tiene que haber sido para Elías escuchar esa voz y, por fe, actuar sobre ella? Pero lo hizo, y su obediencia era fe.

Elías construyó un altar y puso sobre él leña y luego un buey cortado en pedazos. En seguida dio órdenes para que derramaran abundante agua sobre el altar, la leña y el buey. Una vez cumplida su orden, oró a Dios, mencionándole que había hecho todo según sus órdenes. Esto es fe. Esto es obedecer. Y como respuesta instantánea, descendió fuego del cielo, quemó el sacrificio, quemó la leña, quemó el buey y hasta quemó las piedras. Cuando los israelitas vieron eso, se humillaron y clamaron: «¡El Señor es Dios, el Señor es Dios!» (v. 39). Esta batalla fue ganada por la obediencia de Elías a la dirección de Dios. Hizo lo que los cuatrocientos cincuenta profetas de Baal no pudieron hacer: pidió que cayera fuego del cielo. Y este milagro cambió los corazones de la gente.

Esto es lo que sucederá en los últimos tiempos. No convenceremos al mundo con nuestros argumentos ni con nuestros razonamientos; la gente se convencerá por la demostración del poder de Dios. Una multitud, una cosecha de mil millones de almas espera a la iglesia. El poder hará que crean en el evangelio de Cristo. Así es como se ganaron países enteros para el Señor en los primeros siglos de la iglesia. Y, será la forma principal de ganarlos en los últimos siglos para Él antes de su segunda venida. Permítanme ilustrar esto con una historia entresacada de mi antiguo pastorado.

Chuck, un amigo mío de St. Louis, acostumbraba a ir a lugares donde se reunían brujas y brujos. Allí revelaba los secretos de los corazones de las personas. Tenía fe para hacerlo. Ponía sus manos sobre las manos de otras personas y al tocarlas, estas sentían una descarga de poder como de electricidad. Luego, les preguntaba si querían sentir a Dios. Si la respuesta era que sí, ponía sus manos sobre las de ellos, pero sin tocarlas. Y la gente sentía el poder, a menudo saltando o profiriendo alguna interjección. Entonces, Chuck les decía: «¡Le dije que sentiría a Dios!». De esta manera condujo a muchas personas a Cristo y llevó a mi iglesia más personas que nadie. Él no usaba argumentos; solo el poder. Y el poder lo obtenía escuchando al Señor. Oía a Dios escuchándolo. Y escuchaba porque creía que Dios hablaría.

Dios quiere usarlo a usted para darle gloria a Él donde usted trabaja. Dios quiere usarlo para darle gloria a Él en su vecindario, en medio de su familia. Él quiere darle profecías para las personas, palabras de conocimiento para la sanidad, y para que use la autoridad del nombre de su Hijo Jesús para expulsar demonios.

El Monte Carmelo de hoy es el hospital, las clínicas y entre la comunidad médica. La confrontación será entre aquellos que creen en Jesucristo y aquellos que abrazan Reiki, toque terapéutico, toque de sanidad y otras técnicas de «curación» que no son de Dios. Debemos ser más competentes en reconocer la voz de Dios y tener fe para hacer lo que Él dice. Gran parte de lo que ocurre en la sanidad se deriva de escuchar una palabra de conocimiento. Escuchar y ver a veces no es literalmente oír y ver; es percibir. Dios puede usar todos sus sentidos para hablarle. Usted tiene que aprender su lenguaje, ¿y cómo lo va a aprender? Tiene que estar dispuesto a humillarse y salir y ver si ha oído bien. Solo lo sabrá si obedece y hace lo que Él le dijo. Después de un tiempo, podrá discernir la diferencia entre su idea y la voz de Dios.

Regresemos a la Biblia para otro evento histórico que ilustra la batalla entre Dios y las fuerzas ocultas. En Hechos 8, un hechicero llamado Simón vino al Señor por medio de Felipe. Simón había practicado la hechicería en la ciudad. Asombraba a la gente con su magia y sus artes ocultas, pero cuando llegó Felipe demostrando el poder de Dios a través de señales y maravillas, la gente le prestó atención. Muchos paralíticos y lisiados fueron sanados. Entonces, cuando oyeron a Felipe predicar, creyeron en el nombre de Jesucristo, y el propio Simón creyó y fue bautizado. Este hombre que había actuado bajo la influencia del poder demoníaco se sorprendió por la diferencia entre el poder de Jesús y el que él manejaba. Así que siguió a Jesucristo, y hubo gran alegría en la ciudad de Samaria.

Va a haber un avivamiento anónimo y sin rostro. Cuando los estadios se llenen, necesitaremos miles en el equipo ministrador, los cuales estarán entrenados y listos para funcionar. Estamos hablando de estadios y de que la iglesia estará allí con tres mil intercesores. Para cuando iniciemos la reunión, las personas ya se habrán sanado. No será evangelización basada en la razón, sino en el poder y en la Palabra de Dios. Yo ya he experimentado tales reuniones en estadios en India, Brasil y Argentina. Ahora es el momento para el mundo occidental, América del Norte y Europa. La evangelización de poder es bíblica, y aquí es donde Dios nos está guiando.

En Hechos 13.2, el Espíritu Santo habló, y después de ayunar y orar, la iglesia de Antioquía envió a Bernabé y a Saulo, que navegaron a Chipre. Allí Pablo, lleno del Espíritu Santo, le dijo al hechicero que encontró, llamado Elimas, que era un hijo del diablo y un enemigo de todo lo que es correcto. Luego le dijo que quedaría ciego e inmediatamente Elimas perdió la vista. El procónsul vio esto y se sorprendió, y la Biblia nos dice que creyó (v. 12). En los días venideros, veremos este tipo de encuentros de poder entre los seguidores de Jesucristo y aquellos que son seguidores de los «poderes de esta era y del dios de esta era/mundo».[6]

Estoy seguro de esto porque en Mateo 24, los discípulos le preguntaron a Jesús cuál sería la señal de su venida y lo que señalaría el fin de la era. En el versículo 24, Jesús les dice que, entre otras señales del fin, surgirían falsos profetas y falsos mesías, y realizarían «grandes señales y prodigios» destinados a «engañar», incluso al propio pueblo de Dios, si no son cuidadosos. *Estas* son las señales del fin de la era. La venida de Cristo estará precedida por un aumento en las señales y maravillas falsas, los tipos de «maravillas» realizadas por los practicantes actuales de Reiki, el toque sanador, el toque terapéutico, etc. Muchos de estos practicantes han pasado toda una vida perfeccionado su «oficio», pero su poder no es de Dios. Sus «curaciones» son maravillas mentirosas.

Y estos no son los únicos signos y maravillas que se verán al final de estos tiempos. También habrá «grandes señales» interpretadas por la bestia de la que leemos en Apocalipsis 13, cuyos milagros harán que los habitantes de la tierra adoren al Anticristo. Ahora sabemos que esa bestia y el poder maligno detrás de ella serán derrotados y Cristo reinará para siempre en su reino, pero no antes de que muchos sean engañados, justo antes del regreso de Cristo.

Por lo tanto, el hecho de que haya más sanidades y milagros ocurriendo hoy, tanto dentro de la iglesia como a través de los poderes de esta era maligna, debería despertarnos al hecho de que estamos viviendo en el último de los últimos días. Entonces, ¿cómo podemos diferenciar entre la verdad y la mentira, lo genuino y lo falso?

Aquí están las salvaguardas para el discernimiento: si aquellos que están realizando señales y maravillas están apuntando a las personas hacia Jesús, y los milagros que realizan resultan en la adoración de Él, usted no debe temer que sea una maravilla mentirosa. Es el poder de Dios. Pero si se hace algo que *no* reconozca a Jesucristo, aunque parezca lo mismo, pregúntese: ¿Esto evoca la adoración a Dios? ¿Reconoce esta persona la encarnación de Jesús? Si la respuesta a estas preguntas es no, entonces el poder de la oscuridad está obrando, y es su trabajo confrontarlo, tal como el apóstol Pablo confrontó a Elimas en el libro de los Hechos.

Se nos dice que en los últimos días, Dios derramará Su Espíritu sobre todas las personas (Joel 2.28; Hechos 2.17, 18). También se nos promete que las señales acompañarán a los que creen. ¿Qué señales? «Pondrán sus manos sobre los enfermos y sanarán» (Marcos 16.18). Además, estas «señales» confirmarán la Palabra de Dios, ese evangelio que cambia vidas y que hemos sido comisionados para predicar a «todo el mundo» (Marcos 16.15).

Crea y espere ver el poder milagroso de Dios obrando en su vida y en su iglesia en este tiempo: el final de los últimos tiempos, el tiempo profetizado cuando el conocimiento de la gloria del Señor cubrirá la tierra como las aguas cubren los mares (Habacuc 2.14). La gloria del Señor se revela más a través de su poder de obrar señales y prodigios, sanidades y milagros, y Él quiere hacerlo a través de *usted*. En el siguiente capítulo quiero referirme a cómo podemos cooperar mejor con Dios en lo que Pablo dijo en Colosenses 1.29: «Con este fin trabajo y lucho fortalecido por el poder de Cristo que obra en mí».

CAPÍTULO 15

CÓMO SER USADO POR DIOS PARA LLEVAR SANIDAD

¿A DÓNDE IREMOS DESDE AQUÍ?

Si ahora está usted convencido de que los milagros han sucedido, y suceden hoy, o al menos está abierto a la posibilidad, ¿cuál es el siguiente paso? ¿Cómo puedo experimentar más de Dios? ¿Cómo puedo habilitarme para participar en el avivamiento de los últimos tiempos?

He dedicado casi cincuenta años al ministerio. Durante casi treinta y cinco de esos cincuenta años, he otorgado una alta prioridad al equipamiento, especialmente de creyentes normales —cristianos— para que experimenten, comprendan y sean utilizados por el Espíritu Santo de Dios. He trabajado con cientos de miles de creyentes en los cinco continentes, y espero seguir equipando a los santos hasta el día de dejar esta tierra y pasen a experimentar una existencia más rica y emocionante con Cristo.

Permítanme sugerirles varias maneras en que podrían recibir entrenamiento, conocimiento, comprensión y experiencia en cuanto a ser usados por el Espíritu de Dios para sanar el cuerpo y/o el alma de alguien. Permítanme además compartir algunas oportunidades que, si se atienden adecuadamente, podrían ayudarlos y capacitarlos para que sean más poderosos, estén mejor informados y lleguen a ser más afectuosos de lo que son en el presente.

Lean y estudien más de mis libros y mi currículum: el primero es *Power to Heal Curriculum*[1] [Plan de estudio sobre el poder para sanar]. El plan contiene el libro *The Power to Heal* [Poder para sanar]; un libro para ejercicios; y una guía para líderes en DVD; además, un DVD con ocho videos de enseñanzas, cada uno de los cuales corresponde a un capítulo del libro. Muchos pastores han estado usando este material en sus iglesias para grupos pequeños o clases de la escuela dominical. Usted puede formar un grupo y convertir su sala de estar en un centro de capacitación para amigos y/o familiares. Este paquete pondrá en sus manos todo lo que necesita para dirigir una clínica de entrenamiento en su casa.

El segundo currículum es *The Essential Guide to Healing Curriculum*[2] [Guía esencial para el plan de estudios para la sanidad]. Está concebido para doce semanas y contiene el libro *The Essential Guide to Healing* [Guía esencial para la sanidad], un libro para ejercicios, una guía para el líder y un DVD que tiene enseñanzas que acompañan la lectura de cada semana. La mitad de este plan lo escribió mi amigo Bill Johnson, y la otra mitad, yo.

El tercer currículum es *The Authority to Heal Curriculum*[3] [Plan de estudio sobre la autoridad para sanar]. Este es similar a los dos primeros, aunque entra en más detalles no cubiertos en los otros. Este plan no es para comenzar, sino para terminar el ciclo.

También puede tomar el curso *online*, *The Christian Healing Certification Program* [Programa certificado de sanidad cristiana]. Este programa se puede ver con todos sus detalles, incluidos los profesores, tres subprogramas, doce cursos, y cómo ganar el certificado en https://healingcertification.com. Los tres subprogramas son Sanidad física, Sanidad interior y Liberación. Cada subprograma tiene cuatro cursos, y cada curso dura ocho semanas.

Este no es un curso por correspondencia glorificado. Está basado en los mejores principios de aprendizaje *online*. Si se decide por este curso, será parte de un grupo de unas quince personas de todo el mundo. Habrá un facilitador para ayudarlo a usted y a sus condiscípulos. Desarrollarán un estilo de comunidad, ya que se apoyarán mutuamente comunicándose por correo electrónico, Skype o por teléfono. La parte de sanidad física de este curso se ha ofrecido en la Escuela de Divinidad de la Universidad Regent, en Virginia; en el Semario Teológico Unido y a través del Seminario Teológico del Despertamiento Global. Todos están acreditados por el Departamento de Educación de Estados Unidos, que es la acreditación más alta e importante. Actualmente estoy involucrado en la enseñanza de ambos cursos con la ayuda de mi profesor asistente, el doctor Robert Burge, que escribió su tesis doctoral sobre la evaluación del éxito del programa.

Es posible que usted no esté tan interesado en sanidad como podría estarlo en profecía o ministerio profético. Si es así, existe el programa de Certificación Profética Cristiana. Podrá verlo con todos sus cinco cursos (cada uno de ocho semanas) en profheticcertification.com. Está estructurado de la misma manera que el programa de Certificación de Sanidad Cristiana. En solo tres años más de cinco mil trecientas noventa personas han tomado estos cursos, cifra que no incluye a los estudiantes de la Escuela de Divinidad Regent, ni del Seminario Teológico Unido, ni del Seminario Teológico Despertamiento Global. El curso es el mismo, pero el crédito se recibe en los seminarios.

También puede asistir a una de nuestras Escuelas de Sanidad e Impartición de cuatro días. Tenemos cuatro escuelas diferentes. Una se llama Fundamentos, y es mi favorita. En ella se pone mucho énfasis no solo en aprender sobre sanidad y escuchar de Dios, sino también en la impartición. ¿Qué es una impartición? Es cuando Dios viene sobre ti y te empodera o te capacita para moverte en el ámbito de los dones del Espíritu Santo. Los tres dones que vemos más frecuentemente activados son sanidad, palabras de conocimiento y profecía. El segundo de estos eventos de cuatro días se llama Capacitación y aunque también se enfoca en la sanidad, trata con la liberación, área que generalmente no se aborda en la escuela de Fundamentos. Una tercera escuela, que no se ofrece muy a menudo, es Sanidad: Perspectivas espirituales y médicas. La cuarta escuela es Fe y sanidad, en la que se analiza la relación entre la fe y la sanidad. En esta escuela se estudia el movimiento de sanidad por la fe en el siglo diecinueve y el movimiento de la Palabra de Fe, así como otros asuntos sobre la relación de la fe con la sanidad.

Estas escuelas se llevan a cabo en todo Estados Unidos, por lo general una vez al mes, excepto los meses de abril, julio y octubre, que es cuando tenemos nuestras dos conferencias más importantes. También tenemos un viaje de capacitación a Brasil para jóvenes de entre trece y veintinueve años.

Todas las escuelas mencionadas comprenden cuatro áreas: información, inspiración, activación e impartición. Cada escuela dura cuatro días y tiene veinticuatro sesiones. Por lo general, hay tres o cuatro expositores y, normalmente, yo ofrezco la mitad de las clases.

Otra posibilidad es que las personas interesadas podrían recibir capacitación y equipamiento viniendo a nuestra sede y convirtiéndose en estudiantes regulares en la Escuela Global de Ministerio Sobrenatural (Escuela Global). Esta escuela dura nueve meses y se desarrolla en el campus. Hay un plan de un año y otro de dos años, así como pasantías con Despertamiento Global por invitación, solo para un posible tercer año. Se pueden recibir algunos créditos, entre uno y dos años de una universidad cristiana acreditada, para asistir a la escuela en el campus. Hay escuelas satélite en las que se podría formar parte de un cuerpo estudiantil más pequeño cerca de su casa. También hay una versión *online,* pero en este momento es solo para el primer año. Muchos de nuestros graduados se han convertido en misioneros, ministros itinerantes o pastores.

¿Qué oportunidad hay para usted? Depende de la cantidad de tiempo, energía y dinero que desee o pueda invertir en su desarrollo espiritual personal. Lo que puede ser mejor para usted podría ser muy diferente de las necesidades de otra persona. Estamos entrenando a personas para que trabajen como asesores y lo ayuden a descubrir la mejor manera de llevar a la realidad su deseo ministerial. Póngase en contacto con nuestra oficina para obtener respuestas a lo que debe hacer.

Cuando se le pregunta a Bill Johnson cómo ir adelante en las cosas del Espíritu, ofrece varias sugerencias, pero siempre termina diciendo:

«La manera más rápida de crecer en los dones, y especialmente en las palabras de conocimiento y sanidad, es formar parte de un viaje ministerial internacional con Randy Clark y Despertamiento Global». Hemos tenido cerca de cinco mil personas acompañándonos a otras naciones, y casi el cien por ciento de ellas han visto sanarse a alguien cuando se oraba. Del mismo modo, casi el cien por ciento ha recibido palabras de conocimiento durante el viaje. Despertamiento Global realiza entre diez y doce de estos viajes por año.

Finalmente, algunos otros detalles sobre el Seminario Teológico Despertamiento Global. Mi ministerio se asoció con otro y con la Universidad Familia de Fe, universidad cristiana acreditada. Juntos, podemos ofrecer una maestría acreditada en divinidad, en un programa de tres años y setenta y dos horas después de una licenciatura. Además, estamos ofreciendo una maestría en evangelismo y una en ministerio pastoral. En ambos casos, son dos años de estudios después de la licenciatura. También ofrecemos una licenciatura de cuatro años.

Si ninguna de estas opciones funciona para usted, lo animo a que vaya a nuestra librería *online*. He escrito unos cuarenta libros, manuales de capacitación y folletos más breves que están disponibles allí, junto con muchos DVD, CD y otros productos, incluidos los tres currículums mencionados anteriormente. Visite Globalawakeningstore.com.

La información sobre cualquiera de estas otras oportunidades se puede encontrar en nuestra página web, Globalawakening.com. Los tiempos, costos y todos los detalles están disponibles allí.

Quiero alentarle a creer en la habilidad y el deseo de Dios de usarlo para sanar las enfermedades físicas de los demás, para liberar a los oprimidos, para sanar a los quebrantados de corazón, para traer de vuelta a las personas que se han alejado de Dios, para proclamar las buenas nuevas del evangelio y ver a las personas aceptar a Jesús, experimentar el nuevo nacimiento: regeneración espiritual. En otras palabras, creer que realmente somos embajadores de su reino en el cual hay reconciliación con Dios (2 Corintios 5.20).

Jesús nos invita a las más grandes cosas (Juan 14.12). Nos invita a ser sus colaboradores o compañeros en el trabajo (Marcos 1.17).

Recordemos que Dios nos da el Espíritu sin medida (Juan 3.34). Y que da el Espíritu Santo a los que lo piden (Lucas 11.13). Jesús murió para iniciar el Nuevo Pacto, que es el derramamiento del Espíritu en los corazones del pueblo de Dios. Pero no solo crea este Nuevo Pacto por medio de su muerte, sino que luego se convierte en el bautizador en el Espíritu, por su vida (Marcos 1.8; Romanos 5.12-20). Una de las primeras cosas que hizo después de su resurrección fue reunirse con sus discípulos, comisionarlos y soplar sobre ellos diciéndoles que recibieran el Espíritu Santo. «Como el Padre me envió a mí, así yo los envío a ustedes» les dijo (Juan 20.21, 22).

Debemos pensar en todo esto. El Padre envió a Jesús al mundo siendo concebido por el Espíritu. Cuando nacemos de nuevo, nosotros también nacemos concebidos por el Espíritu (Juan 3.6). Sin embargo, Jesús no comenzó su ministerio sino hasta después de que fue bautizado y lleno del Espíritu (Mateo 3.16). Fue solo después de este empoderamiento que Jesús hizo alguna obra poderosa o comenzó su ministerio. Nosotros somos enviados como el Padre envió a Jesús. Jesús se dio cuenta de la importancia de este empoderamiento y les dijo a sus discípulos que esperaran en Jerusalén hasta que estuvieran revestidos de poder. Que cuando el Espíritu Santo descendiera sobre ellos, recibirían poder (Lucas 24.49; Hechos 1.8).

Para que esta gracia fuera liberada, el Nuevo Pacto tuvo que ser promulgado a través de su muerte y vida resucitada. Esta gracia no fue solo para el perdón de los pecados. También lo fue para la divina habilitación de los seguidores de Jesús. No solo para llevarnos al cielo, sino para traernos el poder del cielo. Es por eso que es ventajoso para nosotros que Jesús haya sido crucificado, resucitado y ascendido al Padre; para que pudiéramos tener una capacidad divina de poder y autoridad para hacer lo que él hizo y cosas más grandes. El Evangelio de Marcos termina con una gran comisión que incluye nuestra capacidad de poner nuestras manos sobre los enfermos y ver cómo sanan. Esta es una de las señales que debe acompañar a quienes han creído (Marcos 16.17, 18). Esta gracia para sanar no se limita a los apóstoles, ni a los pastores, ni a los evangelistas. No. Está disponible para *aquellos que han creído*. Además, el discipulado bíblico incluye la enseñanza de los nuevos creyentes para obedecer los mandamientos de Jesús; al comienzo de la lista de sus mandamientos al comisionar a los doce y a los setenta o setenta y dos está sanar a los enfermos y echar fuera demonios.

Ser cristiano nunca fue algo como para aburrirse. Es una invitación a una experiencia, a una relación y a un poder que está *fuera de este mundo*. Es una invitación a lo sobrenatural; una oportunidad para ver milagros y experimentar regularmente sanidades. Es una invitación a estar revestidos no solo con poder, sino también ser comisionados con autoridad para tener acceso al poder y a la autoridad del nombre de Jesús. Somos sus embajadores, respaldados por su reino.

Si usted está en Cristo, ha heredado mucho más de lo que se ha apropiado. Lo desafío a salir en su autoridad y experimentar su poder. Adéntrese en la luz y vea la oscuridad retroceder ante ella. Este es el plan de Dios para usted: este es el privilegio del Nuevo Pacto de una vida con poder, ¡no solo para una vida eterna!

Oh. En caso de que usted piense que no estoy en contacto con la realidad, y que todo en la vida tiene que ser perfecto; a usted que quizás ha tenido que enfrentar una tragedia, la pérdida de algún ser querido u otras pérdidas importantes, quiero darle ánimo diciéndole que este poder milagroso del cual hemos venido hablando es especialmente valioso. Usted no tiene que ir por el valle de sombra de muerte apoyado en su propia fuerza. No tiene que experimentar las noches oscuras del alma solo. ¡Jesús estará con usted! Él se uncirá en el yugo con usted y compartirá con usted todo el peso de su tragedia y sus desilusiones. Su poder y su consuelo, junto con su paz, pueden permitirnos vivir victoriosamente cuando las tragedias de la vida nos golpeen. Aquellos que ven la diferencia en cómo vivimos en estos tiempos reconocerán que hay un poder milagroso que actúa en nosotros para que seamos fieles hasta el final y no perdamos la esperanza, sino que experimentemos a Aquel que prometió estar más cerca que un hermano, que nunca nos dejaría ni nos desampararía. Aquel que soportó un sufrimiento indecible en la cruz pero que se levantó victorioso. No solo podemos soportar los momentos duros de la vida, cuando el sol parece esconderse detrás de las nubes de problemas, sino que podemos pasar por estos tiempos experimentando su gozo (Colosenses 1.11, 12).

Terminamos con las palabras del apóstol Pablo: «Pero tenemos este tesoro en vasijas de barro para que se vea que tan sublime poder viene de Dios y no de nosotros. Nos vemos atribulados en todo, pero no abatidos; perplejos, pero no desesperados; perseguidos, pero no abandonados; derribados, pero no destruidos» (2 Corintios 4.7-9). ¡Somos, de hecho, «más que vencedores» por medio de Cristo (Romanos 8.37)!

NOTA DEL AUTOR

He recibido el respaldo de profesores de teología de seminario —Antiguo Testamento y Nuevo Testamento—, de decanos académicos, de anglicanos, católico-romanos, metodistas unidos, bautistas, de la Alianza Cristiana y Misionera y de la Iglesia Cristiana Redimida de Dios en Nigeria (la iglesia más grande del mundo). De médicos, psiquiatras y profesores en escuelas de medicina; de profesores de religión en universidades estatales, así como de los supervisores generales, obispos, superintendentes de distrito y supervisores de las nuevas redes apostólicas. Esto indica la diversidad y la riqueza de la experiencia de quienes han respaldado *Testigo de milagros*. He tratado de escribir *Testigo de milagros* para toda la iglesia. Me he cuidado de no tener un espíritu sectario. Es mi deseo, esperanza y oración que millones de personas sean alentadas por *Testigo de milagros*, y que lo anime a usted a creer las palabras de Jesús sobre el poder de su gobierno y reinado disponibles para todos los que creen en Él en nuestra vida cotidiana.

EVIDENCIA EN EL NUEVO TESTAMENTO

La siguiente es una lista de todas las referencias a las palabras relativas a milagros o manifestaciones sobrenaturales, o hablando bíblicamente, a los poderosos actos de Dios, Sus obras, las manifestaciones de Su poder, o situaciones donde el poder de Dios se revela aún si no se utilizan palabras asociadas con el poder. Todas las escrituras en esta lista son de la Santa Biblia, Nueva Versión Internacional.

«Estas señales acompañarán a los que crean; en mi nombre expulsarán demonios; hablarán en nuevas lenguas». (Marcos 16.17)

«Los discípulos salieron y predicaron por todas partes, y el Señor los ayudaba en la obra y confirmaba su palabra con las señales que la acompañaban». (Marcos 16.20)

«Esto les servirá de señal: Encontrarán a un niño envuelto en pañales y acostado en un pesebre». (Lucas 2.12)

«Simeón les dio su bendición y le dijo a María, la madre de Jesús: "Este niño está destinado a causar la caída y el levantamiento de muchos en Israel, y a crear mucha oposición"». (Lucas 2.34)

«Esta, la primera de sus señales, la hizo Jesús en Caná de Galilea. Así reveló su gloria, y sus discípulos creyeron en él». (Juan 2.11)

«Mientras estaba en Jerusalén, durante la fiesta de la Pascua, muchos creyeron en su nombre al ver las señales que hacía». (Juan 2.23)

«Este fue de noche a visitar a Jesús. —Rabí —le dijo—, sabemos que eres un maestro que ha venido de parte de Dios, porque nadie podría hacer las señales que tú haces si Dios no estuviera con él». (Juan 3.2)

«Esta fue la segunda señal que hizo Jesús después que volvió de Judea a Galilea». (Juan 4.54)

«Y mucha gente lo seguía, porque veían las señales milagrosas que hacía en los enfermos». (Juan 6.2)

«Al ver la señal que Jesús había realizado, la gente comenzó a decir: "En verdad este es el profeta, el que ha de venir al mundo"». (Juan 6.14)

«—Ciertamente les aseguro que ustedes me buscan no porque han visto señales, sino porque comieron pan hasta llenarse». (Juan 6.26)

«—¿Y qué señal harás para que la veamos y te creamos? ¿Qué puedes hacer? —insistieron ellos—». (Juan 6.30)

«Con todo, muchos de entre la multitud creyeron en él y decían: "Cuando venga el Cristo, ¿acaso va a hacer más señales que este hombre?"». (Juan 7.31)

«Entonces los jefes de los sacerdotes y los fariseos convocaron a una reunión del Consejo. —¿Qué vamos a hacer? —dijeron—. Este hombre está haciendo muchas señales milagrosas». (Juan 11.47)

«Muchos que se habían enterado de la señal realizada por Jesús salían a su encuentro». (Juan 12.18)

«A pesar de haber hecho Jesús todas estas señales en presencia de ellos, todavía no creían en él». (Juan 12.37)

«Jesús hizo muchas otras señales milagrosas en presencia de sus discípulos, las cuales no están registradas en este libro». (Juan 20.30)

«Arriba en el cielo y abajo en la tierra mostraré prodigios: sangre, fuego y nubes de humo». (Hechos 2.19)

«Pueblo de Israel, escuchen esto: Jesús de Nazaret fue un hombre acreditado por Dios ante ustedes con milagros, señales y prodigios, los cuales realizó Dios entre ustedes por medio de él, como bien lo saben…». (Hechos 2.22)

«Todos estaban asombrados por los muchos milagros y señales que realizaban los apóstoles». (Hechos 2.43)

«¿Qué vamos a hacer con estos sujetos? Es un hecho que por medio de ellos ha ocurrido un milagro evidente; todos los que viven en Jerusalén lo saben, y no podemos negarlo». (Hechos 4.16)

«Por eso, extiende tu mano para sanar y hacer señales y prodigios mediante el nombre de tu santo siervo Jesús». (Hechos 4.30)

«Por medio de los apóstoles ocurrían muchas señales y prodigios entre el pueblo; y todos los creyentes se reunían de común acuerdo en el Pórtico de Salomón». (Hechos 5.12)

«Esteban, hombre lleno de la gracia y del poder de Dios, hacía grandes prodigios y señales milagrosas entre el pueblo». (Hechos 6.8)

«Él los sacó de Egipto haciendo prodigios y señales milagrosas tanto en la tierra de Egipto como en el Mar Rojo, y en el desierto durante cuarenta años». (Hechos 7.36)

«Al oír a Felipe y ver las señales milagrosas que realizaba, mucha gente se reunía y todos prestaban atención a su mensaje». (Hechos 8.6)

«Simón mismo creyó y, después de bautizarse, seguía a Felipe por todas partes, asombrado de los grandes milagros y señales que veía». (Hechos 8.13)

«En todo caso, Pablo y Bernabé pasaron allí bastante tiempo, hablando valientemente en el nombre del Señor, quien confirmaba el mensaje de su gracia haciendo señales y prodigios por medio de ellos». (Hechos 14.3)

«Toda la asamblea guardó silencio para escuchar a Bernabé y a Pablo, que les contaron las señales y prodigios que Dios había hecho por medio de ellos entre los gentiles». (Hechos 15.12)

«... mediante poderosas señales y milagros, por el poder del Espíritu de Dios. Así que, habiendo comenzado en Jerusalén, he completado la proclamación del evangelio de Cristo por todas partes, hasta la región de Iliria». (Romanos 15.19)

«Las marcas distintivas de un apóstol, tales como señales, prodigios y milagros, se dieron constantemente entre ustedes». (2 Corintios 12.12)

«A la vez, Dios ratificó su testimonio acerca de ellos con señales, prodigios, diversos milagros y dones distribuidos por el Espíritu Santo según su voluntad». (Hebreos 2.4)

Como se puede ver en estos versículos, la palabra *prodigios* a veces acompaña a *señales*; de hecho, las dieciséis veces que la palabra *prodigios* aparece en el Nuevo Testamento, se combina con la palabra *señales*.

«Porque surgirán falsos Cristos y falsos profetas que harán grandes señales y milagros para engañar, de ser posible, aun a los elegidos». (Mateo 24.24)

«Porque surgirán falsos Cristos y falsos profetas que harán señales y milagros para engañar, de ser posible, aun a los elegidos». (Marcos 13.22)

«—Ustedes nunca van a creer si no ven señales y prodigios —le dijo Jesús». (Juan 4.48)

«Arriba en el cielo y abajo en la tierra mostraré prodigios: sangre, fuego y nubes de humo». (Hechos 2.19)

«El malvado vendrá, por obra de Satanás, con toda clase de milagros, señales y prodigios falsos...». (2 Tesalonicenses 2.9)

«A la vez, Dios ratificó su testimonio acerca de ella con señales, prodigios, diversos milagros y dones distribuidos por el Espíritu Santo según su voluntad». (Hebreos 2.4)

APÉNDICE B

EVIDENCIAS EN EL ANTIGUO TESTAMENTO

Las señales y los prodigios no aparecen solo en las páginas de nuestro Nuevo Testamento. En el Antiguo Testamento vemos *señales* utilizado a menudo, y junto con prodigios, en muchos pasajes del Antiguo Testamento..

«Pero, si no te creen ni te hacen caso después de estas dos señales, toma agua del Nilo y derrámala en el suelo. En cuanto el agua del Nilo toque el suelo, se convertirá en sangre». (Éxodo 4.9)

«Pero no te olvides de llevar contigo esta vara, porque con ella harás señales milagrosas». (Éxodo 4.17)

«Entonces Moisés le comunicó a Aarón todo lo que el SEÑOR le había ordenado decir y todas las señales milagrosas que le mandaba realizar». (Éxodo 4.28)

«Y Aarón, además de repetirles todo lo que el SEÑOR le había dicho a Moisés, realizó también las señales a la vista del pueblo. (Éxodo 4.30)

«Yo voy a endurecer el corazón del faraón, y aunque haré muchas señales milagrosas y prodigios en Egipto». (Éxodo 7.3)

«¿Qué dios ha intentado entrar en una nación y tomarla para sí mediante pruebas, señales, milagros, guerras, actos portentosos y gran despliegue de fuerza y de poder, como lo hizo por ti el Señor tu Dios en Egipto, ante tus propios ojos?». (Deuteronomio 4.34)

«Átalas a tus manos como un signo; llévalas en tu frente como una marca». (Deuteronomio 6.8)

«Ante nuestros propios ojos, el Señor realizó grandes señales y terribles prodigios en contra de Egipto, del faraón y de toda su familia». (Deuteronomio 6.22)

«Con tus propios ojos viste las grandes pruebas, señales y prodigios milagrosos que con gran despliegue de fuerza y de poder realizó el Señor tu Dios para sacarte de Egipto, y lo mismo hará contra todos los pueblos a quienes ahora temes». (Deuteronomio 7.19)

«… y los hechos y señales que realizó en Egipto contra el faraón y contra todo su país…». (Deuteronomio 11.3)

«Grábense estas palabras en el corazón y en la mente; átenlas en sus manos como un signo, y llévenlas en su frente como una marca». (Deuteronomio 11.18)

«Cuando en medio de ti aparezca algún profeta o visionario, y anuncie algún prodigio o señal milagrosa, si esa señal o prodigio se cumple y él te dice: "Vayamos a rendir culto a otros dioses", dioses que no has conocido…». (Deuteronomio 13.1, 2)

«Por eso el Señor nos sacó de Egipto con actos portentosos y gran despliegue de poder, con señales, prodigios y milagros que provocaron gran terror». (Deuteronomio 26.8)

«Ellos serán señal y advertencia permanente para ti y para tus descendientes». (Deuteronomio 28.46)

«Con sus propios ojos vieron aquellas grandes pruebas, señales y maravillas». (Deuteronomio 29.3)

«Solo Moisés hizo todas aquellas señales y prodigios que el Señor le mandó realizar en Egipto ante el faraón, sus funcionarios y todo su país». (Deuteronomio 34.11)

NOTAS

Capítulo 1: Los ciegos ven

1. Ver este testimonio en: https://globalawakening.com/eyewitnesstomiracles.

Capítulo 2: Los cojos andan

1. Ver este testimonio en: https://globalawakening.com/eyewitnesstomiracles.
2. Ibíd.
3. *The New International Dictionary of Pentecostal and Charismatic Revised and Expanded Edition,* editor, Stanley Burgess y Edward M. van der Maas, editor asociado (ubicación en Kindle 4-5).

Capítulo 3: Los enfermos son sanados

1. «Caerse» y «desvanecerse» son referencias a un fenómeno común en la historia de la iglesia. Es causado por una fuerte presencia de Dios, y ha sido descrito como perder toda la fuerza, desvanecerse, caer bajo el poder, caer por el Espíritu, y descansar en el Espíritu. Estos son representativos. Este fenómeno está presente en los movimientos Católico, Protestante y Pentecostal/Carismático.
2. Ver este testimonio en: https://globalawakening.com/eyewitnesstomiracles.
3. Para más información sobre Rex y Lois Burgher, ir a www.klifemin. org (KingdomLifeMinistry). Rex y Lois han escrito un libro detallando su jornada: *When the Fire Falls* (Dillsburg, PA: Kingdom Life Ministry, 2015), y Rex ha escrito otros dos libros: *Journey to Your Kingdom Destiny* (Dillsburg, PA: Kingdom Life Ministry, 2013) y *Our Father's Heartbeat* (Dillsburg, PA: Kingdom Life Ministry, 2011).
4. Ver este testimonio en: https://globalawakening.com/eyewitnesstomiracles.
5. Ibíd.

6. La historia de Carole Baerga aparece en el libro de Randy Clark, *There Is More! The Secret to Experiencing God's Power to Change Your Life* (Grand Rapids: Baker, 2013), pp. 149-52 [*¡Hay algo más! El Secreto para experimentar el poder de Dios que cambiará su vida* (Florida: Casa Creación, 2014)].

Capítulo 4: Los sordos oyen

1. Ver «Oficial de policía con severo daño en la columna abandona su silla de ruedas», en el capítulo 2.

2. Ver Candy Gunther Brown, «Study of the Therapeutic Effects of Proximal Intercessory Prayer (STEPP) on Auditory and Visual Impairments in Rural Mozambique», *Southern Medical Journal* 103, n.º 9 (septiembre 2010); Candy Gunther Brown, *Testing Prayer: Science and Healing* (Cambridge, MA: Harvard University Press, 2012).

Capítulo 5: Los muertos resucitan

1. Athet Pyan Shintaw Paulu, «The Remarkable Testimony of a Buddhist Monk in Myanmar (Burma) Who Came Back to Life a Changed Man!», BibleProbe.com, http://www.bibleprobe.com/backfromthedead.htm.

2. James Rutz, *Mega Shift. Igniting Spiritual Power* (Colorado Springs: Empowerment Press, 2005), pp. 34-35.

3. David Yonggi Cho, hablando en un seminario de crecimiento en la Iglesia de Salem (Helsinki, Finlandia, 1995).

4. De una conversación con Phillip Gammill, empleado de Freedom Ministries US Office (Raymondville, TX).

5. Esto se repitió en James Rutz, *Mega Shift,* pp. 10-12, y fue confirmado en David Servant, «Pastor Daniel Ekechukwa and His Resurrection from the Dead: Report One of Four», el sitio web de David Servant, http://www.heavensfamily.org/ss/resurrection-from-the-dead-pastor-daniel-ekechukwu.

6. De una conversación telefónica con Phillip Gammill, empleado de Freedom Ministries. Todos los informes también se reportan en Rutz, *Mega Shift*, pp. 13-14.

7. Esta historia se tomó de una entrevista en CBN. Ver CBN.com, «Dr. Chauncey Crandall: Raising the Dead». CBN, http://www1.cbn.com/content/dr-chauncey-crandall-raising-dead.

8. Ver este testimonio en: https://globalawakening.com/eyewitnesstomiracles.

9. Ibíd.

10. Ibíd. Este video muestra a Surpresa traduciendo la historia de dos bebés que fueron resucitados por la señora Donwecke, la esposa de un supervisor regional de los Ministerios Iris en Mozambique. Ella ha resucitado a cuatro personas de la muerte, y su esposo ha resucitado a tres hasta 2010. No sé si han resucitado a más desde 2010.

Capítulo 6: La religión y la Era de la Ilustración

1. Jon Ruthven, *What's Wrong with Protestant Theology: Tradition vs. Biblical Emphasis* (Tulsa: Word & Spirit Press, 2013), p. 110. Citando al Harris Poll # 11, 26 febrero 2003; Harris Poll #90, 14 diciembre 2005; HCD Research y el Louis Finkelstein Institute for Religious and Social Studies of the Jewish Theological Seminary in New York, 23 diciembre 2004. http://www.wnd.com/index.php?pageId=28152; y el Ynet-Gesherpoll fue conducido por el Panels Research Institute e incluyó a quinientos encuestados que constituyen una muestra representativa de la población judía en Israel. Publicado 23 diciembre 2008 en YNet News, http:www. ynetnewscom/articles/0,7340L-3642955,00.html.

2. Lutero oró por Melancthon y Miconio, compañeros reformadores, y fueron sanados. Lo mismo para los otros reformadores; hubo reportes de sanidades entre los anabaptistas.

3. Ruthven, *What's Wrong with Protestant Theology?*, p. 90; Jon Ruthven, *On the Cessation of the Charismata: The Protestant Polemic on Postbiblical Miracles* (Tulsa: Word & Spirit Press, 2011), p. 24.

Capítulo 7: La ciencia y las leyes de la naturaleza

1. Voltaire, *La Obra de Voltaire,* vol. iv (Diccionario filosófico Parte 2) [1764], http://oll.libertyfund.org/titles/353#Voltaire_0060–04_1207; http://oll. libertyfund.org/titles/voltaire-the-works-of-voltaire-vol-iv-philosophical-dictionary-part-2. *Voltaire, The Works of Voltaire. A Contemporary Version. A Critique and Biography* por John Morley, notas por Tobias Smollett, trad. William F. Fleming (Nueva York: E. R. DuMont, 1901). En 21 vols. vol. iv. 10/9/2017. http://oll.libertyfund.org/titles/353#Voltaire_0060–04_1207.

2. Las semblanzas están basadas en «Famous Scientists Who Believed in God», *Evidence for God,* http://www.godandscience.org/apologetics/sciencefaith. html.

3. Francis Bacon, *Of Atheism*, reimpr. (Kessinger, 2010).

4. Ver Rich Deem, «The Trinity: The Oneness and Plurality of God», *Evidence for God*, http://www.godandscience.org/doctrine/trinity.html.

5. J. P. Moreland, *Love Your God with All Your Mind: The Role of Reason in the Life of the Soul* (Washington, D C: NavPress, 1997).

6. Rich Deem, «What Is Wrong with Pascal's Wager?», *Evidencia de Dios*, http://www.godandscience.org/apologetics/pascals_wager.html.

7. Ver Casey Luskin, «A Tall Tale of Evolution: The Neck of the Giraffe», *Evolution News*, 10 mayo 2007, https://evolutionnews. org/2007/05/a_tall_tale_of_evolution_the_n/.

8. Fred Hoyle y Chandra Wickramasinghe, *Evolution from Space* (Nueva York: Simon & Schuster, 1982), pp. 27-28.

Capítulo 8: Filosofía y teología

1. Keener señala el argumento circular en este argumento tipo Hume en contra de lo sobrenatural. Keener, *Miracles*, 1:85-106.

2. El material siguiente se tomó de William De Arteaga, *Forging a Renewed Hebraic and Pauline Christianity* (Tulsa: Word & Spirit Press, s. a.), p. 67n210. Ver el trabajo clásico del historiador cristiano Peter Gay, *The Enlightenment: An Interpretation*, vol. 1, *The Rise of Modern Paganism* (Nueva York: Knopf, 1966), para entender el papel central que tiene el anticristianismo en el pensamiento tardío de la Ilustración. Para un estudio detallado de este núcleo radical anticristiano y ateo en la Ilustración tardía, ver Philipp Blom, *A Wicked Company: The Forgotten Radicalism of the European Enlightenment* (Nueva York: Basic Books, 2010).

3. Jon Ruthven, *On the Cessation of the Charismata: The Protestant Polemic on Postbiblical Miracles* (Tulsa: Word & Spirit Press, 2011), p. 54n23.

4. Rutven, *On the Cessation*, p. 24.

5. Para entender mejor, ver John Ruthven, *On the Cessation of the Charismata*.

6. Rutven, *On the Cessation*, pp. 26-27.

Capítulo 9: Desacreditando lo milagroso

1. Ver «Late June and Early July Floods of 2002: Over the Texas Hill Contry and South Central Texas», Weather.gov, https://www.weather.gov/media/ ewx/wxevents/ewx-200207.pdf.

2. Alastair H. B. Logan, «Marcellus of Ancyra and Anti-Arian Polemic», en *StudiaPatristica*, ed. Elizabeth A. Livingstone (Lovaina, BE: Peeters Press, 1989), 22:189, parafraseado.

3. Jon Ruthven, *What's Wrong with Protestant Theology: Tradition vs. Biblical Emphasis* (Tulsa: Word & Spirit Press, 2013), pp. 10-27. Especialmente p. 21n48, p. 83n81.

4. Robert Culpepper, *Evaluating the Charismatic Movement: A Theological and Biblical Appraisal* (King of Prussia, PA: Judson Press, 1977).

5. El arzobispo Welby compartió esto conmigo en una reunión en su casa con algunos de mis amigos, en 2015.

Capítulo 10: Recuperando el ministerio de sanidad

1. Rudolf Bultmann, «A Reply to the Thesis of J. Schniewind» in *Kerygma and Myth: A Theological Debate*, ed. Hans Werner Bartach, trad. R. H. Fuller (Londres: SPCK, 1957).

2. Paul Chappell, *Dictionary of Pentecostal and Charismatic Movements*, ed. Stanley M. Burgess y Gary B. McGee (Grand Rapids: Zondervan, 1996), s. v. «Healing Movements», pp. 353-74. Para más información acerca del movimiento de curación, ver Joe McIntyre, *E. W. Kenyon and His Message of Faith* (Bothell, WA: Empowering Grace, 2010); y Paul King, *Only Believe: Examining the Origin and Development of Classic and Contemporary «Word of Faith» Theologies* (Tulsa: Word & Spirit, 2008).

3. Craig Keener, *Miracles* (Grand Rapids: Baker Academic, 2011).

4. Jack Deere, *Surprised by the Voice of God: How God Speaks Today Through Prophecies, Dreams and Vissions* (Grand Rapids: Zondervan 1998), pp. 53-54.

5. «From Toronto Blessing to Global Awakening: Healing and the Spread of Charismatic Networks», en Candy Gunther Brown, *Testing Prayer: Science and Healing* (Cambridge, MA: Harvard University Press, 2012), pp. 21-63. Candy Brown, «Global Awakenings: Divine Healing Networks and Global Community in North America, Brazil, Mozambique, and Beyond», en Candy Gunther Brown, *Global Pentecostal and Charismatic Healing* (Nueva York: Oxford University Press, 2011), pp. 351-71.

Capítulo 11: Verificación de las sanidades

1. Randy Clark, «A Study of the Effects of Christian Prayer on Pain or Mobility Restrictions from Surgery Involving Implanted Materials» (disertación para el doctorado en Ministerio, Seminario Teológico Unido, 2013).

2. Ibíd., v.

3. Ibíd., v.

4. R. Chou y L. H. Huffman, «American Pain Society, American College of Physicians: Nonpharmacologic Therapies for Acute and Chronic Low Back Pain: A Review of the Evidence for an American Pain Society/American College of Physicians Clinical Practice Guideline», *Annals of Internal Medicine* 147, no. 7 (2007): pp. 492-504.

Capítulo 12: La sanidad y el efecto placebo

1. A. Hróbjartsson y P. C. Gøtzsche, «Is the Placebo Powerless? Update of a Systematic Review with 52 New Randomized Trials Comparing Placebo with No Treatment», *Journal of Internal Medicine-Oxford* 256, n.º 2 (agosto 2004), pp. 91-100. Este artículo se basó en la investigación del Cochrane Review Centre, Rigshospitalet, Copenhague, Dinamarca. Donald D. Price, Damien G. Finniss y Fabrizio Benedetti, «A Comprehensive Review of the Placebo Effect: Recent Advances and Current Thought», *Annual Review of Psychology* 59 (enero 2008): pp. 565-90, pharmacology.ucsd.edu/graduate/courseinfo/placebarticle.pdf. Steven Novella, «The Placebo Effect», *Science-Based Medicine*, www.sciencebasedmedicine.org/index.php/the-placebo-effect.

2. Herbert Benson, *Timeless Healing: The Power and Biology of Belief* (Nueva York: Simon and Schuster, 1997), p. 166.

3. Chou y Huffman, «American Pain Society», 28 (ver capítulo 11, n.º 4).

4. A. Hróbjartsson y P. C. Gøtzsche, «Is the Placebo Powerless?».

5. Benson, *Timeless Healing,* p. 166, énfasis añadido.

6. Benson, *Timeless Healing,* p. 27.

7. Ibíd., p. 183.

8. Ibíd., p. 187, énfasis añadido.

9. Ibíd, p.188.

10. Ibíd., p. 27. Benson cree que la salud recordada requiere una expectativa de sanidad.

11. «Ahora pues, si he hallado gracia en tus ojos, te ruego *que me muestres ahora tu camino, para que te conozca, y halle gracia en tus ojos*; y mira que esta gente es pueblo tuyo». (Éxodo 33.13, énfasis añadido, RVR1960). Descubrir los caminos de Dios está relacionado con conocerlo mejor, y es clave para encontrar el favor de Dios. En otras palabras, el ministerio de sanidad es mucho más exitoso cuando dejamos de enfocarnos en tratar de que Dios bendiga lo que estamos haciendo, y nos damos cuenta de lo que Él está haciendo, y bendecimos lo que Él está haciendo. Esto se basa en la revelación de Dios de intimidad con Dios. Tiene su raíz en la operación de Sus dones que son «Gracias» de Su divina energía. Para una enseñanza completa sobre los caminos de Dios, y las relaciones entre palabras reveladoras como palabras de conocimiento y su fe creadora que deja salir dones de sanidad o la realización de milagros, *ver* mi libro, *Healing Breakthrough,* especialmente la última mitad.

Capítulo 13: La energía y un caso para milagros

1. National Center for Complementary and Alternative Medicine (NCCAM), «More Than One-Third of U.S. Adults Use Complementary and Alternative Medicine, According to New Government Survey», 27 mayo, 2004, http://nccam.nih.gov/news/2004/052704.htm.
2. Wouter J. Hanegraaff, *New Age Religion and Western Culture: Esotericism in the Mirror of Secular Thought* (Albany: State University of New York Press, 1988), pp. 128-52, específicamente, 128 y 143.
3. «El Espíritu mismo le asegura a nuestro espíritu que somos hijos de Dios» (Romanos 8.16).
4. John P. Newport, *The New Age Movement and the Biblical Worldview: Conflict and Dialogue* (Grand Rapids: Eerdmans, 1998), pp. 4-5.
5. Sé que este término es una cita de Paul Tillich, un neoortodoxo o teólogo liberal del siglo veinte. Este término se utiliza en el libro de Tillich, *The Courage to Be* (New Haven, CT: Yale University Press, 1952), pp. 156-57 [*El coraje de existir* (Editorial Estela, 1969)]. Tillich tenía tendencias panteístas, como la descripción de «ground of being» en *El coraje de existir* lo demuestra. Él era considerado por algunos teólogos como un panteísta. (Mi maestro de teología sistemática en el seminario, el doctor Dale Moody, fue compañero de Tillich en el Seminario Teológico Union, en Nueva York, y compartió esta opinión panteísta de Tillich en clase). No es mi intención

conectar a Tillich con la Nueva Era o al shamanismo, pero el término fue muy útil para tratar de explicar el panteísmo.

6. Gareth Leyshon, «A Catholic Critique of the Healing Art of Reiki», http://www.drgareth.info/Reiki_GL.pdf. Gareth Leyshon, «Framing a Christian Response to New Age Practices: Core Issues and Pastoral Solutions», 3 agosto 2004, http://www.drgareth.info/NewAgeRP.pdf. Comité de Doctrina, Conferencia de Obispos Católicos de los Estados Unidos, «Guidelines for Evaluating Reiki as an Alternative Therapy», 25 marzo, 2009, http://www.usccb.org/about/doctrine/publications/upload/evaluation-guidelines-finaltext-2009–03.pdf. Para un análisis de las modalidades de sanidad de la Nueva Era, ver Concilio Pontificio de la Cultura, *Jesucristo Portador del agua de la vida; una reflexión Cristiana sobre la «Nueva Era»*, http://www.vatican.va/roman_curia/pontifical_councils/interelg/documents/rc_pc_interelg_doc_20030203_new-age_en.html. Gary S. Greig y Kevin N. Springer, eds., *TheKingdom and the Power: Are Healing and the Spiritual Gifts Used by Jesus and the Early Church Meant for the Church Today?* (Ventura, CA: Regal Books, 1993), pp. 62, 179-88, 359-92, 413-20.

7. Considerando la tensión entre el reino del cielo y los poderes de la oscuridad, Peter Davis dice: «En ninguna área los efectos del pecado se revierten en esta era, aunque en todas las áreas ocurren algunas reversiones de cada uno de los efectos del pecado. Siempre queda alguna tensión, aun si hay un significativo sabor de "los poderes del siglo venidero"» (Hebreos 6.5, RVR1960). Peter H. Davis, «A Biblical View of the Relationship of Sin and the Fruit of Sin: Sickness, Demonization, Death, Natural Calamity», en Greig y Springer, *The Kingdom and the Power*, p. 126.

8. Apocalipsis 11.15.

9. «Porque el Señor es el Espíritu; y donde está el Espíritu del Señor, allí hay libertad. Por tanto, nosotros todos, mirando a cara descubierta como en un espejo la gloria del Señor, somos transformados de gloria en gloria en la misma imagen, como por el Espíritu del Señor» (2 Corintios 3.17, 18, RVR1960).

10. Aquí es donde no estoy de acuerdo con el entendimiento tan limitado de los poderes que sostiene Walter Wink. Él los limita a las estructuras sociales más que a personalidades espirituales incorpóreas. Estoy de acuerdo en que pueden causar estragos en la sociedad influyendo en las estructuras sociales,

pero también creo que pueden influir en los individuos. Es necesario abordar el problema de la influencia demoníaca en las estructuras sociales y en los seres humanos. No es una elección entre uno u otro, sino una situación de ambos. Walter Wink, *The Powers That Be: Theology for a New Millennium* (Minneapolis: Augsburg Fortress Press, 1998), pp. 1-5.

11. «La Trinidad reside en nosotros por medio de lo que en ella es comunicable; eso significa, por las energías que son comunes a los tres hipóstasis [Padre, Hijo, Espíritu] o, en otras palabras, por gracia, porque es con este nombre que conocemos las energías deificadoras por las que el Espíritu Santo se comunica con nosotros. El que tiene el Espíritu, que confiere un don, tiene al mismo tiempo al Hijo, a través de quien el don se transmite a nosotros; él también tiene al Padre, de quien viene cada don perfecto. *Recibiendo el don —las energías deificadoras— uno recibe al mismo tiempo la residencia de la Santísima Trinidad.* Vladimir Lossky, *The Mystical Theology of the Eastern Church* (Yonkers, NY: Saint Vladimir Seminary Press, 1997), pp. 86-87; énfasis añadido.

12. Ruth Mayeux Allen, *Pneumatology: The Spirit of Reiki* (Sewanee, TN: Escuela de Teología de la Universidad del Sur, 2009); Ruth Mayeux Allen, *The Holy Spirit and the Spirit of Reiki: One Source, One Spirit: Interconnecting Theology, Science, and the Practice of Reiki* (Monteagle, TN: North Bluff, 2011).

13. 1 Juan 2.18, 22; 4.3.

14. John McDowell, «Barth's Nein to Emil Brunner», http://convencionbautista.com/yahoo_site_admin/assets/docs/Barth_Nein_to_Brunner.23191706.pdf.; Clark Pinnock, «Karl Barth and Christian Apologetics» *Themelios* 2 (1977): pp. 66-71; John W. Hart, *Karl Barth vs. Emil Brunner: The Formation and Dissolution of a Theological Alliance, 1916-1936* (Nueva York: Peter Lang, 2001), pp. 212-14; Gregg Strawbridge, «Karl Barth's Rejection of Natural Theology or an Exegesis of Romans 1:19, 20», ensayo presentado en la Reunión Evangélica Teológica de 1997 en San Francisco, http://www.wordmp3.com/files/gs/barth.htm.

15. Leslie D. Weatherhead, *Psychology, Religion, and Healing* (Nashville: Abingdon, 1952); Leslie D. Weatherhead, *Wounded Spirits* (Nashville: Abingdon, 1962).

16. Donal O'Mathunay Walt Larimore, *Alternative Medicine: The Options, the Claims, the Evidence, How to Choose Wisely* (Grand Rapids: Zondervan, 2007), pp. 253, 255, 262.

17. Los siguientes trabajos ofrecen más conocimiento sobre la discrepancia entre los escritores teístas y panteístas, respecto al ámbito angélico o la visión de que toda la energía espiritual es la misma sin distinguir que alguna viene de Dios y otra es del reino de la oscuridad. Weatherhead, *Psychology, Religion, and Healing*; Weatherhead, *Wounded Spirits* (teísta); Dora Kunz, *Spiritual Healing* (Wheaton, IL: Theosphical Publishing House, 2009) (panteísta). Para más información en el tema de ángeles, demonios, sanidades y discernimiento, y cómo se relacionan entre ellos, ver Daniel Benor, *Spiritual Healing: Scientific Validation of a Healing Revolution* (Southfield, MI: Vision, 2001) (panteísta, Nueva Era); Gregory Boyd, *Dios en pie de guerra: La Palabra y el Conflicto Espiritual* (HarperCollins, 2011) (teísta); Randy Clark, *Open Heaven: Engaging the Unseen Realm* (Mechanicsburg, PA: Apostolic Network of Global Awakening, 2011) (teísta); Randy Clark, *School of Healing and Impartation: Deliverance, Disbelief, and Deception Workbook*, 3.ª ed. (Mechanicsburg, PA: Global Awakening, 2009) (teísta); O'Mathuna y Larimore, *Alternative Medicine* (teísta); Hanegraaff, *New Age Religion and Western Culture* (teísta); George Otis Jr., *The Twilight Labyrinth: Why Does Spiritual Darkness Linger Where It Does?* (Grand Rapids,: Chosen Books, 1997) (teísta); Rhonda J. McClinton, *Spirits of the Lesser Gods: A Critical Examination of Reiki and Christ-Centered Healing* (Boca Raton, FL: Dissertation.com, 2007) (teísta); Erwin Van Der Meer, «The Strategic Level Spiritual Warfare Theology of C. Peter Wagner and Its Implications for Christian Mission in Malawi», (Tesis doctoral, Universidad de Sudáfrica, 2008) http://uir.unisa.ac.za/handle/10500/2891 (teísta); Michael S. B. Reid, *Strategic Level Spiritual Warfare: A Modern Mythology? A Detailed Evaluation of the Biblical, Theological and Historical Basis of Spiritual Warfare in Contemporary Thought* (Brentwood Essex: Michael Reid Ministries, 2002) (teísta); Michael Donald Richardson, «Lessons from the Revival in Argentina» (tesis para el doctorado en Ministerio, Seminario Teológico Fuller, 1998) (teísta), https://www.researchgate.net/publication/36244700_Lessons_from_the_revival_in_Argentina; Rev. Omar Cabrera Sr. y Omar Cabrera Jr., entrevista con el autor, trad. Rev. Henry Clay, Buenos Aires, junio 16, 1996 (teísta); International Center for

Reiki Training, «What Is Reiki?», http://www.reiki.org/faq/whatisreiki. html, 2017 (panteísta); Therapeutic Touch Organization, «Therapeutic Touch Home Page at Pumpkin Hollow Farm—The Northeast Theosophical Retreat Center», http://www.pumpkinhollow.org/content/ therapeutic-touch-and-pumpkin-hollow; C. Peter Wagner, *Spiritual Warfare Strategies: Confronting Spiritual Powers* (Shippensburg, PA: Destiny Image, 1996) (teísta); C. Peter Wagner, *Territorial Spirits: Practical Strategies for How to Crush the Enemy through Spiritual Warfare* (Shippensburg, PA: Destiny Image, 2012) (teísta); Friedrich Zündel, *The Awakening: One Man's Battle with Darkness* (n. p.: Plough, 1999) (teísta).

18. Finney temía por su vida debido a este poder. Charles G. Finney, *Autobiography* (Old Tappan, NJ: Fleming H. Revell, 1876), pp. 20-21. D. L. Moody expresó su preocupación de que él moriría si el poder continuaba en su cuerpo; R. A. Torrey, «Why God Used D. L. Moody», en *The D. L. Moody Collections*, ed. James S. Bell (Chicago: Moody Press, 1997), pp. 116-17. Heidi Baker expresó la misma preocupación de que el poder era suficiente para matarla. Randy Clark, *There Is More: The Secret to Experiencing God's Power to Change Your Life* (Grand Rapids: Baker, 2013), p. 66. Yo tuve la misma experiencia. Randy Clark, *Baptism in the Holy Spirit* (Mechanicsburg, PA: Global Awakening, 2006), pp. 37-43.

19. Billy Graham, *The Holy Spirit: Activating God's Power in Your Life* (Nashville: Thomas Nelson, 2000), p. 5.

20. Quizás esta fue la posición de Weatherhead respecto a fuerza ódica, al hacer una distinción entre sanidad divina y sanidad por fuerza ódica. Weatherhead, *Wounded Spirits*, pp. 49-65, con la definición de fuerza ódica en la p. 53.

21. «Por tanto, nosotros todos, mirando a cara descubierta como en un espejo la gloria del Señor, somos transformados de gloria en gloria en la misma imagen, como por el Espíritu del Señor». (2 Corintios 3.18, rvr1960).

22. «¿No son todos espíritus *ministradores*, enviados para servicio a favor de los que serán herederos de la salvación?». (Hebreos 1.14, énfasis añadido, rvr1960).

23. «Y soñó: y he aquí una escalera que estaba apoyada en tierra, y su extremo tocaba en el cielo; y he aquí ángeles de Dios que subían y descendían por ella». (Génesis 28.12, énfasis añadido). «Y añadió, —Os aseguro que

veréis el cielo abierto, y a los ángeles de Dios subir y bajar sobre el Hijo del hombre» (Juan 1.51, énfasis añadido).

24. Dora Kunz y Dolores Krieger, *The Spiritual Dimension of Therapeutic Touch* (Rochester, VT: Bear, 2004), pp. 225-29.

25. Comité de Doctrina, Conferencia de Estados Unidos de Obispos Católicos, «Lineamientos para evaluar el Reiki como Terapia alternativa», 6n9.

26. Kunz y Krieger, *The Spiritual Dimension of Therapeutic Touch*, pp. 225-29.

27. El mensaje de gracia de Jesús mueve el enfoque desde una visión del mundo *kármica* hasta el evangelio, no solamante de perdón inmerecido, sino también de sanidad inmerecida: es el evangelio. Ver la distinción que hizo Bono de U2 entre gracia y karma, en «Bono: La Gracia sobre el Karma», 1 agosto, 2005, *Christianity Today*, http://www.christianitytoday. com/ct/2005/augustweb-only/bono-0805.html; Jon Kuhrt, «Bono: Grace over Karma», *Resistance & Renewal* (blog), 26 enero, 2014, https:// resistanceandrenewal.net/2014/01/26/bono-on-the-difference-between- grace-and-karma/; «Bono Talking About Grace», video en YouTube, 4:07, subido por «2009zooropa», 17 diciembre, 2011, https://www.youtube.com/ watch?v=nNE6GOC1vrU. Hay varios otros enlaces de Internet de Bono y su opinión religiosa, especialmente con respecto a la gracia.

28. «Tengan fe en Dios —respondió Jesús—. Les aseguro que, si alguno le dice a este monte: «Quítate de ahí y tírate al mar», creyendo, sin abrigar la menor duda de que lo que dice sucederá, lo obtendrá» (Marcos 11.22, 23). La traducción de la Biblia Douay-Rheims de 1 Corintios 13.2 es: «Y si yo debiera tener tanta fe, que pudiera mover montañas, y no tener caridad, no soy nada». Marcos 11.22 tiene «fe de Dios», en lugar de «fe en Dios», en una traducción reciente rusa y alemana. La nueva Biblia *Pasión* traduce Marcos 11.22 como *fe de Dios* más que *fe en Dios*.

29. Walter Wink, *The Powers That Be: Theology for a New Millennium* (Nueva York: Doubleday, 1998). Este libro tiene conocimientos de los tres libros previos, *Naming the Powers* (Minneapolis: Fortress Press, 1984); *Unmasking the Powers* (Minneapolis: Fortress Press,1986) y *Engaging the Powers* (Minneapolis: Augsburg Press, 1992). Este no es un pequeño asunto. La cantidad de enfermedad, males y pobreza que están relacionados con los efectos de la guerra es significativa. Los ministerios de sanidad deben tratar de traer sanidades a la raíz del problema, no meramente el fruto del problema. Tan maravillosas y profundas como son las obras de Wink, su

debilidad radica en que niegan la realidad de que hay un humilde demonio en la vida de cada ser humano. Esto no es un sí o no entre el punto de vista tradicional conservador como demoníaco y el entendimiento de Wink de la estructura del mal como demoníaca; puede ser una elección de ambos.

30. Dora Kunz, *Spiritual Healing*, reimpr. (Asociación Teosófica Canadiense, 28 enero, 2009), http://www.theosophical.ca/books/SpiritualHealing_DoraKunz.pdf, 2. Esta fue originalmente una plática dada en Indralaya, el 30 de julio 1957. Fue transcrita y enviada al círculo de influencia de Kunz.

31. Ibíd., p. 3.

32. Ibíd., p. 4.

Chapter 14: El Monte Carmelo y el avivamiento al final de los tiempos

1. Walter Wink, *The Powers That Be: Theology for a New Millennium* (Nueva York: Doubleday, 1998).

2. Para más explicación y defensa de este entendimiento de la fe, ver Ruthven, *What's Wrong with Protestant Theology? Tradition vs. Biblical Emphasis* (Tulsa, OK: Word & Spirit Press, 2013).

3. Salmos 105.37; algunas traducciones dicen *nadie tropezó.*

4. Esta profecía era conocida entre el movimiento de la Viña del que yo fui parte por dieciséis años. Creo que era conocida también fuera del movimiento.

5. John Wimber, *Power Evangelism* (Grand Rapids, MI: Chosen Books, 1986, 2009); *Power Healing* (San Francisco, CA: Harper and Row, 1987).

6. 2 Corintios 4.4.

Capítulo 15: Cómo ser usado por Dios para llevar sanidad

1. *Power to Heal Curriculum: 8 Weeks to Activating God's Healing Power in Your Life* (Destiny Image, 2015). También, disponible en nuestro sitio web: www.globalawakeningstore.com.

2. *The Kit: Equipping All Christians to Pray for the Sick* (Chosen Books, 2016).

3. *Authority to Heal Curriculum: Restoring the Lost Inheritance of God's Healing Power* (Destiny Image, 2017). También, disponible en nuestro sitio web: www.globalawakeningstore.com.

BIBLIOGRAFÍA

Allen, Ruth. *Pneumatology: The Spirit of Reiki*. Sewanee, TN: School of Theology of the University of the South, 2009.

──────. *The Holy Spirit and the Spirit of Reiki: One Source, One Spirit: Interconnecting Theology, Science, and the Practice of Reiki*. Monteagle, TN: North Buff, 2011.

Benor, Daniel. *Spiritual Healing: Scientific Validation of a Healing Revolution*, Southfield, MI: Vision, 2001.

Benson, Herbert. *Timeless Healing: The Power and Biology of Belief.* Nueva York, NY: Simon & Schuster, 1997.

Boyd, Gregory. *God at War: The Bible and Spiritual Conflict*. Downers Grove, IL: InterVarsity Press, 1997.

Brown, Candy, «Study of the Therapeutic Effects of Proximal Intercessory Prayer (STEPP) on Auditory and Visual Impairments in Rural Mozambique». *Southern Medical Journal* 103, n.° 9 (Septiembre 2010).

──────. *Testing Prayer: Science and Healing*. Cambridge, MA: Harvard Univ. Press, 2012.

Bultmann, Rudolf. «A Reply to the Thesis of J. Schniewind». In *Kerygma and Myth: A Theological Debate*. Londres, UK: SPCK, 1957.

Chappell, Paul. *Dictionary of Pentecostal and Charismatic Movements*. Grand Rapids, MI: Zondervan, 1996.

Chou, R. y L. H. Huffman. «American Pain Society, American College of Physicians: Non-Pharmacologic Therapies for Acute and Chronic Low Back Pain: A Review of the Evidence for an American Pain Society/American College of Physicians Clinical Practice Guideline». *Annual of Internal Medicine* 147, n.° 7 (2007).

Clark Randy. «A Study of the Effects of Christian Prayer on Pain or Mobility Restrictions from Surgery Involving Implanted Materials». Doctorado en Ministerio, Seminario Teológico Unido, 2013.

————. *Open Heaven: Engaging the Unseen Realm*. Mechanicsburg, PA: Apostolic Network of Global Awakening, 2011.

————. *School of Healing and Impartation: Deliverance, Disbelief, and Deception Workbook*. 3.ª ed. Mechanicsburg, PA: Global Awakening, 2009.

————. *There is more! The Secret to Experiencing God's Power to Change Your Life*. Grand Rapids, MI: Baker, 2013.

Clark, Randy, Timothy Berry, Annie Byrne, y Christ Ishak. *Entertaining Angels: Engaging the Unseen Realm*. Mechanicsburg, PA: Apostolic Network of Global Awakening, 2008.

Cruz, Joan. *Mysteries, Marvels, Miracles: In the Lives of the Saints*. Rockville, IL: TAN Books, 1997.

Culpepper, Robert, *Evaluating the Charismatic Movement*. King of Prussia, PA: Judson Press, 1997.

DeArteaga. *Forging a Renewed Hebraic and Pauline Christianity*. Tulsa, OK: Word & Spirit Press, s. a.

Deem Richard. «Famous Scientists Who Believed in God, 2011. http://www.godandscience.org/apologetic/sciencefaith.html.

«Dr. Chauncey Crandall: A Patient Raised from the Dead». Chistian Broadcast Network, s. f. http://www.1.cbn.com/content/dr-chauncey-crandall-patient-raised-dead.

Fee, Gordon. *New Testament Series, Vols. 1-18*. New International Commentary on the New Testament. Grand Rapids, MI: Eerdmans, 2012.

Finney, Charles. *An Autobiography*. Old Tappan, NJ: Fleming H. Revell, 1876.

Fudge Edward. *The Fire That Consumes: A Biblical and Historical Study of the Doctrine of Final Punishment*. Eugene, OR: Wipf & Stock, 2011.

Fudge, Edward, y Robert Peterson. *Two Views of Hell: A Biblical and Theological Dialogue*. Downers Grove, IL: IVP Academic, 2000.

Graham, Billy. *The Holy Spirit: Activating God's Power in Your Life*. Nashville, TN: Thomas Nelson, 2000.

Greig, Gary, y Kevin Springer. *The Kingdom and the Power: Are Healing and the Spiritual Gifts Used by Jesus and the Early Church Meant for the Church Today?* Ventura, CA: Regal Books, 1993.

Hanegraaff, Wouter. *New Age Religion and Western Culture: Esotericism in the Mirror of Secular Thought.* Albany, NY: State University of New York Press, 1988.

Hart, John. *Karl Barth vs. Emil Brunner: The Formation and Dissolution of a Theological Alliance,* 1916-1936. Nueva York, NY: Peter Lang, 2001.

Hoyle, Fred, y Chandra Wickramasinge. *Evolution from Space.* Nueva York, NY: Simon & Schuster, 1982.

Hrobjartsson, A., y P. C. Gotzsche. «Is the Placebo Powerless? Update of a Systematic Review with 52 New Randomized Trials Comparing Placebo with No Treatment». *Journal of Internal Medicine* 256, n.º 2 (agosto 2004): 91-100.

Jackson, John. Testimonio de John Paul Jackson, s. f. https://s.3.amazonaws.com/GA–Podcast/testimonyPodcast/Episode11_John_Paul_Jackson_Testimony.mp4.

Keener, Craig. *Miracles.* Grand Rapids, MI: Baker Academic, 2011.

King, Paul. *Only Believe: Examining the Origin and Development of Classic and Contemporary «Word of Faith» Theologies.* Tulsa, OK: Word & Spirit Press, 2008.

Kunz, Dora. *Spiritual Healing.* Wheaton, IL: Theosphical Pub. House, 2009. www.theosphical.ca/books/SpiritualHealing_DoraKunz.pdf

———. *The Spiritual Dimension of Therapeutic Touch.* Rochester, VT: Bear, 2004.

Leyshon, Gareth. «A Catholic Critique of the Healing Art of Reiki», s. f. http://www.drgareth.info/Reiki_GL.pdf.

———. «Framing a Christian Response to New Age Practices: Core Issues and Pastoral Solutions», s. f. http://www.drgareth.info/NewAgeRP.pdf.

Logan Alastair. «Marcellus of Ancyra y Anti-Arian Polemic». *Studia Patristica* XXI (1989).

Lossky, Vladimir. *The Mystical Theology if the Eastern Church.* Yonkers, NY: Saint Vladimir Seminary Press, 1997.

Louw, J. P., y E. A. Nida. *Greek-English Lexicon of the New Testament: Based on Semantic Domains,* Nueva York, NY: United Bible Societies, 1996.

MacNutt, Judith. *Angels Are for Real: Inspiring, True Stories and Biblical Answers*. Grand Rapids, MI: Baker, 2012.

McClinton, Rhonda. «Spirits of the Lesser Gods: A Critical Examination of Reiki and Christ-Centered Healing», s. f. Dissertation.com.

McDowell, John. «Barth's Nein to Emil Brunner» s. f. http://www. freewebs.com/johnmcdowell/Lectures/THEO3002%20%282012%29/ Lecture%20-20Barth%20vs%20Brunner.pdf.

McIntire, Joe. *E. W. Kenyon and His Message of Faith*. Bothelkl, WA: Empowering Grace, 2010.

McKie, Robin. «Fred Hoyle: The Scientist Whose Rudeness Cost Him a Nobel Prize». *The Guardian*. 2 octubre, 2010.

Moody, Raymond. *Life after Life: The Investigation of a Phenomenon—survival of Bodily Death*. Atlanta, GA: Mockingbird Books, 1975.

«More Than One-Third of U.S. Adults Use Complementary and Alternative Medicine, According to New Government Survey». *El Centro Nacional de Salud Complementaria e Integral*, 2004. http://nccam.nih.gov/ news/2004/052704.htm.

Moreland, J. P. *Love Your God with All Your Mind: The Role of Reason in the Life of the Soul*. Washington, D C: NavPress, 1997.

Newport, John. *The New Age Movement and the Biblical Worldview: Conflict and Dialogue*. Grand Rapids, MI: Eerdmans, 1998.

Oates, Gary. *Open My Eyes, Lord: A Practical Gide to Angelic Visitations and Heavenly Experiences*. Open Heaven Publications, 2005.

O'Mathuna, Donald, y Walt Larimore. *Alternative Medicine: The Options, the Claims, the Evidence, How to Choose Wisely*. Grand Rapids, MI: Zondervan, 2007.

Otis, George. *The Twilight Labyrinth: Why Does Spiritual Darkness Linger Where It Does?* Grand Rapids, MI: Chosen Books, 1997.

Paulu, Athet Pyan Shinthaw. «The Remarkable Testimony of a Buddhist Monk in Myanmar (Burma) Who Came back to Life a Changed Man!». BibleProbe.com, s. f. http://www.bibleprobe.com/backfromthedead.htm.

Pinnock, Clark. «Karl Barth and Christian Apologetics» *Themelios* 2 (1997).

Pytches, David. *Spiritual Gifts in the Local Church*. Minneapolis, MN: Bethany House, 1980.

Rand, William. «What Is Reiki?». *The International Center for Reiki Training*, s. f. http://www.reiki.org/faq/whatisreiki.html.

Reid, Michael, *Strategic Level Spiritual Warfare: A Modern Mythology? A Detailed Evaluation of the Biblical, Theological and Historical Basis of Spiritual Warfare in Contemporary Thought.* Brentwood Essex, UK: Michael Reid Ministries, 2002.

Richardson, Michael. «Lessons from the Revival in Argentina». Doctorado en Ministerio, Seminario Teológico Fuller, 1998.

Ruthven, Jon. *On the Cessation of the Charismata: The Protestant Polemic on Postbiblical Miracles.* Tulsa, OK: Word & Spirit Press, 2011.

————. *What's Wrong with Protestant Theology? Tradition vs. Biblical Emphasis.* Tulsa, OK: Word & Spirit Press, 2013.

Rutz, James. *Mega Shift.* Colorado Springs, CO: Empowerment Press, 2005.

Servant, David. «Resurrection from the Dead of Pastor Daniel Ekechukwa: Report One of Four». *Shepherd Serve: The Teaching Ministry of David Servant*, s. f. http://www.heavensfamily.org/ss/resurrection-from-the-dead-pastor-daniel-ekechukwa.

Sithole, Surprise. Testimonio de Surprise Sithole, s. f. https://s3,amazonaws.com/GA–Podcast/testimonyPodcast/Episode69_Surprise_Sithole.mp4.

Sjogren, Steve. *The Day I Died.* Grand Rapids, MI: Baker, 2006.

Strawbridge, Gregg. «Karl Barth's Rejection of Natural Theology or an Exegesis of Romans 1.19-20». San Francisco, CA, 1997. http://www.wordmp3.com/files/gs/barth.htm.

«Therapeutic Touch Home Page at Pumpkin Hollow Farm—The Northeast Theosophical Retreat Center». Therapeutic Touch Organization, s. f. http://www.therapeutictouch.org/what-is-it.html.

Thielson, *Life after Death.* Grand Rapids, MI: Eerdmans, 2012.

Torrey, R. «"Why God Used D. L. Moody"». En *The D. L. Moody Collections.* Chicago, IL: Moody Press, 1997.

Vander Meer, Erwin, «The Strategic Level Spiritual Warfare Theology of C. Peter Wagner and Its Implications for Christian Mission in Malawi». Doctorado en Teología, Universidad de Sudáfrica, 2008.

Wagner, Peter. *Spiritual Warfare Strategies: Confronting Spiritual Powers.* Shippensburg, PA: Destiny Image, 1996.

————. *Territorial Spirits: Practical Strategies for How to Crush the Enemy through Spiritual Warfare.* Shippensburg, PA: Destiny Image, 2012.

Walvoord, John. *The Revelation of Jesus Christ.* Chicago, IL: Moody Press, 1966.

Weatherhead, Leslie. *Psychology, Religion, and Healing*, Nashville, TN: Abingdon, 1952.

———. *Wounded Spirits*. Nashville, TN: Abingdon, 1962.

Wesley, John. «Note on Rev. 4.2». En *Notes on the Whole Bible*, s. f. www.ccel.org.

Wink, Walter. *Engaging the Powers*. Minneapolis, MN: Augsburg Press, 1992.

———. *The Powers That Be: Theology for a New Millennium*. Minneapolis, MN: Augsburg Press, 1998.

———. *Unmasking the Powers*. Minneapolis, MN: Fortress Press, 1986.

ACERCA DEL AUTOR

Randy Clark comenzó su ministerio pastoral y de predicación en 1970. Fue pastor durante treinta años en las siguientes denominaciones: Bautista General, Iglesia Unida de Cristo, Bautista Americana, Asociación de Iglesias «La Viña» y Red Apostólica del Despertamiento Global. Ha ministrado ininterrumpidamente desde el 20 de noviembre de 1970 hasta hoy. Además de los treinta años como pastor, ha estado viajando como ministro itinerante desde el 20 de enero de 1994, cuando Dios lo usó para dar nacimiento a la Toronto Blessing [La Bendición de Toronto], que ha sido incluida en algunos libros de historia cristiana como uno de los mayores avivamientos del siglo veinte.

En 1970, obtuvo su licenciatura en estudios religiosos en todos los niveles académicos en Oakland City University, una institución Bautista General. En 1977 obtuvo su maestría en Divinidad del Seminario Teológico Bautista del Sur de Louisville, Kentucky. Entre los años 1994 y 1996 recibió entrenamiento especial de John Wimber, tiempo durante el cual estableció dos iglesias «La Viña», una en Illinois, y la otra en Missouri. El año 2013 obtuvo su doctorado en Ministerio en el Seminario Teológico Unido, de la iglesia Metodista Unida. Su tesis doctoral fue: «Estudio de los efectos de la oración cristiana sobre el dolor o las restricciones de movilidad debido a las cirugías que involucran materiales implantados».

Durante su tiempo en el seminario, fundó los Randy Clark Scholars (Académicos Randy Clark). El grupo recibió la aprobación del doctor Clark para incursionar en un área especial de doctorado que se ocupa del campo del discipulado que requería aceptar los dones del Espíritu, incluidos las señales de dones, sanidad, milagros, palabras de conocimiento, profecía, lenguas e interpretación de lenguas. Entre 2011 y 2017, ha habido setenta y dos estudiantes en el programa. Con la asistencia de algunos miembros del grupo Académicos Randy Clark ha estado ofreciendo cursos especiales en la Escuela de Divinidad de la Universidad Regent en Virginia, en el Seminario Teológico United y en el Seminario Teológico Despertamiento Global. Estos cursos se especializan en la sanidad física y emocional. También ha desarrollado un curso para los seminarios que trata con lo demoníaco.

Ha escrito cuarenta y tres libros, manuales de capacitación, libros de ejercicios y materiales para cursos en grupos pequeños. También ha creado otros materiales de audio o visuales. Y dos programas de capacitación *online* que son certificados por la Red Apostólica de Despertamiento Global y acreditados por el Seminario Teológico Unido, así como por la Escuela de Divinidad y el Seminario Teológico Despertamiento Global. Los cursos son parte de dos programas de certificación: el Programa de Certificación de Sanidad Cristiana, con énfasis en la sanidad física, sanidad interna y liberación, cada una con un curso de cuatro semanas; y el Programa de Certificación de Profecía Cristiana, que consta de cinco cursos. En los primeros tres años, más de dos mil estudiantes tomaron unos cinco mil seiscientos noventa cursos.

El doctor Clark no solo es fundador y presidente de Despertamiento Global y la Red Apostólica de Despertamiento Global, presidente de los dos programas de certificación, y profesor adjunto en los seminarios Regent y Teológico Unido, sino que también ha establecido un nuevo seminario que está totalmente acreditado por el Departamento de Educación de Estados Unidos.

Randy nació en el sur de Illinois, en el seno de una familia cristiana. Fue el mayor de tres hermanos. También fue el primer varón en su familia que llegó a cursar el octavo grado. El 12 de julio de 1975 contrajo nupcias con DeAnne Davenport. Al matrimonio le nacieron cuatro hijos: Joshua, Johannah, Josiah y Jeremiah, todos felizmente casados en la actualidad;

ellos han trabajado con su padre por varios años, aunque algunos han emprendido sus propios trabajos, lo que los ha alejado del ministerio de Despertamiento Global. DeAnne ha sido una santa al criar a los hijos prácticamente sola debido a la recargada agenda de viajes de su esposo. Milagrosamente, todos los hijos han desarrollado y mantienen una estrecha relación entre ellos, aman y honran a sus padres, y viven cerca los unos de los otros. Esperan con ansias las reuniones mensuales de la familia.

El doctor Clark reconoce su tendencia a presumir de sus hijos, de sus logros y de sus nietos, a quienes adora. Los tres hijos mayores tienen hijos y les han dado a sus padres doce nietos.